GODDESS GIRLS series:#12 CASSANDRA THE LUCKY by Joan Holub & Suzanne Williams
Copyright © 2013 by Joan Holub & Suzanne Williams
All rights reserved.
This Korean edition was published by RH Korea Co., Ltd. in 2016 by arrangement with Joan Holub & Suzanne Williams c/o EDEN STREET LLC through KCC(Korea Copyright Center Inc.), Seoul.

이 책은 (주)한국저작권센터(KCC)를 통한 저작권자와의 독점 계약으로 (주)알에이치코리아에서 출간되었습니다.
저작권법에 의해 한국 내에서 보호를 받는 저작물이므로 무단 전재와 복제를 금합니다.

12 카산드라의 예언

조앤 호럽, 수잰 윌리엄스 글 • 김경희 옮김 • 권미선 그림

엄청나게 멋진 독자 여러분, 고마워요!

카리스 C., 미키 S., 애니 C., 메이릭 M., 애비 G., 세라 M., 데이턴 N.,
카탸 B., 제이든 B., 태이린 C., 엠마 J., 크리스티 K., 제시 F., 리앤나 L.,
에타나 D., 한나 N., 세라 S., 앤 H., 제이미 E.S., 엘라 S., 레아 S., 케일라 S.,
앤젤 J., 브렌다 M., 매켄지 V., 맬러리 G., 미카엘라 A., 팸 L., 로렐라이 M.,
릴리 T., 세리나 G., 신시아 Y., 시드니 G., 헤일리 G., 줄리엣 M., 저스틴 Y.,
애슐린 L., 소피아 P., 알렉산드라 E.S., 아리엘 C., 매디슨 W., 시드니 G.,
사브리나 P., 타라 S., 메간 M., 사브리나 E., 소피아 E., 키키 V.,
제이미 A.K., 루시 N., 이사벨 N., 비비안 Z., 델피나 H., 클라우디아 C.,
매케이 O., 로린 H., 알렉스 S., 폴린 L., 재스민 L., 카탸 B., 줄리엣 M.,
제니 C., 올리비아 H., 헤일리 S., 애나벨 S., 미셸 S., 크리스틴 S.,
라나 W., 재키 R., 안드레이드 가(家)와 알바 C., 코럴 H., 레아 H.,
메건 D., 나타샤 H., 도샤 N., 서맨사 R., 질리언 M., 데이턴 N., 시드니 B.,
메도리 W., 그레이스 H., 몬태나 P., 리나 D., 레나 L.,
그리고 지금 이 책을 보고 있는 바로 당신!

* 당신의 이름을 다음 편 〈올림포스 여신 스쿨〉 시리즈에서 볼 수 있어요.
학교, 학년, 이름과 '올림포스 여신 스쿨' 열혈 독자 인증 한 줄 평을
아래 이메일 주소로 보내 주시면, 추첨하여 이름을 넣어 드려요.

yjkang@rhk.co.kr

— 조앤 호럽, 수잰 윌리엄스

1	예언	•09
2	복수 작전	•32
3	쿠키의 예언	•50
4	영웅학 개임	•75
5	오라클 오 제과점	•106
6	회전목마	•132

7 오디세우스 •157

8 예언 대회 •179

9 야단법석 •205

10 예언 뒤집기 •230

뒷이야기 •254

1 예언

 열두 살 카산드라는 책상에 앉아 손가락으로 긴 머리카락을 배배 꼬며 '그것'을 기다리고 있었다. 목요일 아침, 카산드라가 유일하게 혼자 있을 수 있는 시간이다. 엄마도, 언니도, 성가시게 구는 남동생도 곁에 없었다. 사실 카산드라는 빨리 '올림포스 산의 신들'이라는 과목의 숙제를 해야 했다. 당장 내일이 제출 마감이었다. 그런데도 카산드라는 공부와 아무 상관없는, 전혀 다른 일에 빠져 있었다.

 잠시 후 카산드라의 동그란 갈색 눈이 휘둥그레졌다.

 '페퍼민트 향기가 나네! 새로운 환상이 보이려나 봐. 환상이 나타날 쯤에는 늘 페퍼민트 향기를 맡으니까.'

카산드라의 눈앞에 부연 안개와 함께 환상이 펼쳐졌다. 먼저 아테나가 단짝 아프로디테, 페르세포네, 아르테미스에게 둘러싸여 있는 모습이 보였다. 카산드라는 이 소녀 신들과 친구는 아니지만, 누가 누구인지 정도는 알고 있었다. 예전에 제우스와 헤라의 결혼식에 참가하기 위해 올림포스 학교에 다녀온 적이 있기 때문이다.

카산드라는 환상 속에 가만히 귀를 기울였다. 아테나가 활짝 웃으며 친구들에게 말했다.

"물론 말이지."

'엉?'

카산드라는 아테나가 무슨 말을 하는 건지 도무지 알 수 없었다. 하지만 아테나가 며칠 안에 그 말을 하게 되리라는 건 확신했다.

'내 예언은 한 번도 빗나간 적이 없는걸. 비록 그 사실을 알고 있는 이가 나밖에 없지만 말이야!'

"카산드라, 너 뭐해?"

갑자기 누군가 걱정스러운 목소리로 다그쳐 물었다. 환상에 흠뻑 빠져 있던 카산드라는 화들짝 놀라 고개를 들었다. 소리가 나는 쪽으로 돌아보니, 카산드라의 언니 라오디케가 방으로 들어오고 있었다.

그 순간 카산드라를 감싸고 있던 페퍼민트 향기와 환상이 돌연히 사라졌다. 라오디케는 예언 능력이 없어 환상을 보지 못했지만 그 점을 크게 신경 쓰지 않았다. 가족 중에서 미래를 볼 수 있는 사람은 쌍둥이 남매인 카산드라와 헬레노스뿐이었다.

카산드라의 가족은 인간 세상과 올림포스 산 중간에 위치한 불멸 쇼핑센터에서 '오라클 오 제과점'을 운영했다. 가족 모두 불멸의 존재가 아닌 인간이지만 운 좋게도 불멸 쇼핑센터에 자리를 잡고 가게를 열 수 있었다. 카산드라의 엄마 헤카베가 제과점과 그 위에 있는 아파트를 구입한 게 겨우 두 달 전 일이었다.

'오라클 오 제과점'은 예언을 담은 특별한 쿠키를 팔았다. 카산드라와 헬레노스 둘 다 예언을 할 수 있었지만 오직 헬레노스의 예언만 쿠키에 담겼다.

"어, 아무것도 아니야. 아무것도 안 하고 있었어."

카산드라는 대충 얼버무리고서 얼른 깃털 펜을 집어 들었다. 환상 속에서 들었던 아테나의 말을 잊어버리기 전에 빨리 기록해 놓아야 했다. 카산드라는 가로 10센티미터, 세로 2.5센티미터 크기의 작은 파피루스에 예언을 쓴 다음, 그간 모아 둔 예언 종이 뭉치 위에 곱게 올려놓았다.

카산드라네는 파피루스를 마음대로 펑펑 쓸 수 있을 만큼 형편이 넉넉지 않았다. 그래서 카산드라는 가게에서 사용하는 사무용 파피루스 위에 그림을 그렸다가 그것을 다시 여러 장으로 작게 오려서 뒤에 예언을 쓰곤 했다.

"아무것도 안 하고 있기는. 너 또 환상을 보고 있었지?"

라오디케가 방을 가로질러 오며 카산드라를 부드럽게 나무랐다.

카산드라는 짐짓 모르는 척하면서 창틀에 놓인 해시계를 힐끗 쳐다보았다.

'어머, 거의 한 시간이나 지났네! 환상을 볼 때는 정말 시간이 나는 듯이 흐른다니까.'

카산드라의 머릿속은 자신만의 작은 세상이나 다름없었다. 일단 한번 머릿속을 들여다보기 시작하면 그 안에서 펼쳐지는 환상 말고는 아무것도 보이지도 들리지도 않았다. 그러나 불행히도 카산드라의 예언은 아무도 믿으려 하지 않았다. 그 예언이 사실이었음에도 말이다. 도리어 주위 사람들이 자꾸 거짓말쟁이 취급을 하는 바람에 카산드라는 너무 억울하고 속이 상했다.

라오디케는 카산드라의 곁을 지나 화장대 쪽으로 갔다. 라오디케의 움직임을 따라 바람이 살랑 일어나자 천장에 달린 풍경이 흔들렸다. 황금색 달, 별, 해가 서로 부딪히며 딸랑딸랑하고 기분 좋은 소리를 냈다.

누구든 불멸 쇼핑센터에서 가게를 운영하려면 반드시 가족 중에 특별한 재능이나 마법 능력을 가진 자가 있어야 했다. 카산드라 가족의 경우 많은 이들이 헬레노스의 예언 능력을 높이 평가했기 때문에 불멸 쇼핑센터에 가게를 낼 자격이 충분하다고 보았다. 그리고 무엇보다 카산드라의 가족은 왕족이었다. 카산드라는 바로 트로이의 프리아모스 왕과 헤카베 왕비 사이에서 태어난 공주였다.

카산드라는 거울에 비친 언니의 모습을 슬쩍 바라보았다. 라오디케는 길고 검은 머리칼을 곱게 빗질하고서 화장을 손보고 있었다. 순간 라오디케의 파란 눈동자가 카산드라의 예언 뭉치로 향했다.

"카산드라, 난 환상 같은 걸 볼 수는 없지만, 네가 뭘 하고 있었는지는 단번에 맞힐 수 있어. 아무쪼록 엄마한테 들키지 않는 게 좋을 거야. 넌 더 이상 예언을 쓰면 안 되는 거 잘 알고 있잖아."

"그래, 나도 알아. 엄마한테 말하지 마. 응?"

"말 안 할게."

라오디케가 약속하며 한마디 덧붙였다.

"대신 너도 정말 그만둬야 해."

카산드라는 대답을 흐리며 문 쪽을 힐끗 쳐다보았다.

"언니, 그런데 엄마는 어디 계셔?"

라오디케는 볼에 살구색 분을 살살 펴 바르며 대답했다.

"가게에 계시지. 우리가 빨리 내려와서 가게 일을 도왔으면 하시더라. 왜냐하면……."

쾅!

갑자기 발아래에서 폭발음이 울려 퍼지는 바람에 두 소녀는 눈을 휘둥그레 뜨고 서로를 바라보았다. 소리의 크기며 진동이 마치 지진이 일어난 것만 같았다!

"언니, 저게 무슨 소리야?"

카산드라가 잔뜩 겁먹은 채 물었다.

'혹시 쿠키 오븐이 고장 나서 폭발하기라도 한 걸까?'

다시 물어볼 겨를이 없었다. 라오디케는 이미 밖으로 달려 나간 뒤였다. 카산드라도 연두색 키톤 주머니에 예언 쪽지를 쑤셔 넣고 허둥지둥 언니의 뒤를 따랐다.

바로 아래층에 있는 가게에 도착한 순간, 두 소녀는 그 자리에 얼어붙고 말았다. 가게 한쪽 벽에 엄청나게 큰 구멍이 뻥 뚫려 있었기 때문이다. 구멍이 어찌나 큰지 쌍여닫이문을 달고도 남을 정도였다. 게다가 구멍 사이로 매캐한 연기가 뭉게뭉게 피어오르고 있었다.

'아, 잠깐. 저건 연기가 아니라 먼지야!'

카산드라처럼 라오디케도 그제야 마음이 놓이는지 먼저 입을 열었다.

"아, 실내 장식 공사를 하는 거로구나."

그러자 카산드라가 되물었다.

"실내 장식 공사라고? 갑자기 왜 공사를 하는 거야?"

마침 카산드라의 엄마가 뻥 뚫린 구멍을 지나 가게로 들어서며 대답했다.

"우리 가게랑 옆집 두루마리 책 서점을 연결하기 위해 가운데 있던 벽을 무너뜨린 거란다."

이어 라오디케가 카산드라에게 말했다.

"나도 고작 10분 전에 알았어. 엄마가 너한테 한동안 꽤 시끄럽고 먼지가 날릴 거라고 일러 주라 했거든. 그런데 위층에 올라가는 사이에 잊어버렸네. 쾅 하는 소리를 듣고 나도 깜짝 놀랐어."

카산드라는 짜증이 확 치밀었다.

'깜박했다고? 어휴, 라오디케 언니는 맨날 저런 식이라니까!'

라오디케는 정말 아름다웠지만 원래부터 좀 맹한 구석이 있었다. 그런데 열여섯 살이 되고부터는 남자 친구와 데이트할 생각이나 할 뿐 아예 머릿속이 텅 비어 버린 듯했다.

카산드라는 뿌루퉁한 얼굴로 언니와 함께 벽으로 가서 새로 생긴 구멍을 살펴보았다.

'엄마는 이렇게 중요한 일을 왜 내게 말하지 않은 걸까? 하여간 우리 가족은 나한테 아무것도 이야기해 주지 않는다니까! 다들 날 어린애 취급하나 봐. 나도 이제 곧 열세 살이거든요!'

카산드라는 먼지구름 사이로 건너편 서점을 살피며 물었다.

"에우리피데스 아저씨는 어디 갔어요?"

그러고 보니 선반 위의 책은 모두 그대로 있는데 서점 주인인 에우리피데스가 보이지 않았다. 공사 때문인지 여느 때보다 책에 먼지도 쌓여 있었다.

헤카베가 '트로이의 헤카베'라고 서명한 계약서를 들어 보이며 잔뜩 흥분해서 대답했다.

"오늘 아침에 계약을 맺었단다. 이제 우리 가게는 유명해질 거야! 에우리피데스 씨는 서점 일이 적성에 맞지 않는다고 하니 우리한테는 잘된 일이지 뭐니."

그러자 라오디케가 카산드라에게 속삭였다.

"아저씨는 어느 섬의 동굴에서 사실 거래. 오늘 아침에 결정을 내리고 바로 떠나셨어. 아저씨가 엄마한테 거기서 도서관을 열고, 글쓰기에 집중할 거라고 말하는 걸 들었어."

헤카베가 다시 말을 이었다.

"얘들아, 이제 두 가게를 연결해서 확장할 거야. 내가 늘 꿈꾸어 오던 일이 이루어진 거지. 정말 근사하지 않니?"

카산드라는 앞으로 에우리피데스 아저씨를 볼 수 없다는 말에 마음이 아팠다. 하지만 애써 활짝 웃어 보였다.

"엄마, 정말 잘됐어요. 그래도 에우리피데스 아저씨가 없으면 예전 같지 않을 거예요."

생각해 보니 서점에서 일하는 건 정말 재미있을 것 같았다. 손님이 없을 때는 책을 실컷 읽을 수 있을 테니까. 그래도 카산드라는 에우리피데스 아저씨가 그리웠다. 에우리피데스 씨는 작가이기도 한데 '대(大) 디오니시아'라는 그리스 연극 축제에서 상을 다섯 번이나 탈 만큼 실력이 대단했다!

'아저씨는 내게 작가가 될 소질이 있다고 하셨어. 내가 쓴 예언을 읽으시고는 내 나름의 문체가 있다며 칭찬해 주셨지. 물론 아저씨도 그 예언들이 현실로 이루어졌다는 건 믿지 않으셨

지만 말이야.'

카산드라의 속마음을 아는지 모르는지 라오디케가 불쑥 말을 꺼냈다.

"에우리피데스 아저씨가 사업에서 손을 떼기로 했다니 잘 생각하셨지, 뭐. 아저씨는 도무지 책이랑 떨어지려 하지 않으셨잖아. 심지어 손님이 책을 만지지도 못하게 하셨는걸. 그래서 무슨 장사를 하니?"

"그건 그래."

솔직히 카산드라도 에우리피데스 아저씨가 뛰어난 비극 작가라서 그런지 모르지만 서점을 참 '비극적'으로 운영한다고 생각했었다. 에우리피데스 씨는 손님을 대하는 데 영 서툴렀고, 혹시라도 손님이 책을 상하게 할까 봐 늘 손님 근처를 서성이며 감시했다.

"그런데 이제는 손님에게 이런 말을 할 사람도 없으니 어쩌지?"

카산드라는 언니를 쳐다보며 씩 웃고는 굵은 목소리로 에우리피데스 씨의 말투를 흉내 냈다.

"에, 우리 책 찢었스? 에우, 이 피 같은 책을!"

라오디케는 대번에 까르르 웃음을 터뜨렸다.

'아저씨가 나한테 참 잘해 주셨는데…… 난 이곳에 친구가 별로 없잖아.'

사실 카산드라는 불멸 쇼핑센터에 친구라고는 '안드로마케'라는 아이 한 명밖에 없었다. 안드로마케는 '매직 콰직'이라는 가게에서 삼촌 숙모와 함께 살며 일을 돕고 있었다. 불멸 쇼핑센터 반대편 끝에 자리한 매직 콰직에서는 모양이 끊임없이 변하는 마법 문신, 밥을 주거나 산책시킬 필요가 없는 마법 강아지, 어떤 질문이든 대답하는 마법 구슬 등 온갖 마법 물품을 팔았다.

카산드라와 안드로마케는 트로이 전쟁이 끝나고 난 뒤 비슷한 시기에 불멸 쇼핑센터로 이사 왔다. 안드로마케는 뛰어난 제빵 실력을 갖춘 데다, 빵 굽는 걸 아주 좋아해서 카산드라네 가게에 자주 놀러 왔다. 안드로마케는 다정하고 발랄한 아이지만, 언제나 화가 나 있었다. 안드로마케가 분통을 터뜨리는 대상도 언제나 똑같았다. 바로 올림포스 산에 사는 불멸의 존재들이었다. 사실 카산드라가 안드로마케와 친하게 지내는 것도 바로 그 점 때문이었다. 카산드라도 불멸의 존재라면 화부터 치솟았다.

'특히 그 셋은 정말 질색이야!'

그때 일꾼들이 벽에 뚫은 구멍에 천을 씌워 먼지가 제과점 안으로 들어가지 않게 했다. 그러자 라오디케가 팔꿈치로 카산드라를 쿡 찔렀다.

"어서 가자. 가게 문 열 시간이 다 됐어."

카산드라는 고개를 끄덕이며 라오디케를 따라 쿠키 진열대로 갔다.

"카산드라, 저게 뭐니?"

헤카베가 대뜸 물었다. 카산드라가 뒤를 돌아보니 바닥에 작은 파피루스 조각 한 장이 떨어져 있었다.

'이런! 호주머니에 넣어 두었던 예언 종이가 빠졌나 봐.'

헤카베가 종이를 주워 들었다. 그게 무엇이고, 어떤 내용이 써 있는지 확인한 순간, 헤카베가 이맛살을 확 찌푸렸다. 엄마보다 뒤에 서 있던 라오디케는 카산드라를 향해 고개를 절레절레 흔들었다. 라오디케의 표정이 '너 이제 큰일 났어!'라고 외치고 있었다.

"카산드라! 이 문제에 대해 엄마랑 충분히 얘기하지 않았니?"

헤케베가 엄하게 나무라기 시작했다.

"아무도 네 예언을 읽고 싶어 하지 않잖아. 그건 그냥 헬레노스에게 맡기렴."

이어 헤카베는 카산드라를 꼭 끌어안고 한층 더 부드러운 목소리로 말했다.

"카산드라, 헬레노스만 진짜 예언 능력을 가졌다고 해서 질투하면 안 돼. 안타깝지만 넌 예언에 재능이 없단다. 너도 그 사실을 받아들여야 해. 그건 내가 노래를 못하는 것과 똑같은 거야."

그러자 라오디케가 스스럼없이 한마디 툭 던졌다.

"난 춤을 못 추고 말이야."

라오디케의 박자 감각이 형편없다는 사실은 카산드라도 잘 알고 있었다.

'대신 언니는 손님을 응대하는 기술을 타고났잖아. 헬레노스는 예언에 뛰어난 걸로 치고. 그럼 난 도대체 뭘 잘하는 거지? 말썽에 휘말리는 거?'

탕! 탕!

망치질 소리에 헤카베가 고개를 돌려 일꾼들에게 소리쳤다.

"두 가게 사이의 출입문은 반원형으로 만들어 주세요! 문짝은 달지 말고요. 두 가게 사이를 자유롭게 오갈 수 있게 하려는 게 목적이니까요. 그래야 손님들이 계산한 쿠키를 먹으면서 느긋하게 책 구경을 할 수 있죠."

헤카베는 다시 두 딸에게 눈길을 돌렸다. 헤카베의 두 눈에는 즐거움과 흥분이 가득했다.

"얘들아, 새 가게 이름을 '오라클 오 제과 서점'이라고 지을까 하는데 어떠니?"

라오디케가 냉큼 대답했다.

"괜찮은 것 같아요."

카산드라도 엄마와 언니처럼 열띤 반응을 보이고 싶었다. 그러나 헤카베는 사업 수완이 뛰어나고, 가게를 살뜰히 꾸려 나가는 대신 상대적으로 가족과 함께 보내는 시간이 적었다.

'이제 가게를 확장하기까지 했으니 우리랑 보내는 시간이 더 줄겠지. 가끔 엄마는 나보다 가게를 더 좋아하는 게 아닐까 하는 생각이 들어. 아니, 좋아하는 순서로 따지면 난 4등으로 밀릴지도 몰라. 라오디케 언니랑 헬레노스한테도 당연히 밀릴 테니까.'

헤카베는 카산드라의 대답을 기다리지 않고 말을 이었다.

"흠. 아무래도 확장 기념 특별 행사를 해야 할 것 같아. 돈이 너무 많이 들지 않는 선에서 사람들 주목을 끌 수 있을 만한 걸로 말이야."

헤카베는 늘 돈 걱정을 달고 살았다. 처음 가게를 구입할 때

큰돈을 썼기 때문에 가게를 잘 꾸려 나가기 위해 가족 모두 열심히 일하고 있었다. 카산드라네 세 남매가 이곳 불멸 쇼핑센터에서 살게 된 것도 다 엄마 아빠가 전쟁이 끝난 뒤 이혼했기 때문이다. 카산드라는 가족이 운영하는 오라클 오 제과점이 잘되기를 진심으로 바랐다. 하지만 가게가 망해 트로이로 다시 이사 가게 되면, 결국 모든 게 다 예전으로 돌아가지 않을까 하는 생각도 문득문득 들었다.

그때 갑자기 카산드라가 코를 킁킁거렸다.

'페퍼민트 향기가 나!'

카산드라는 놀란 눈을 깜박이다가 허공을 빤히 쳐다보았다. 이내 새로운 환상이 보이기 시작했다. 이번에는 파란색 머리칼을 뾰족하게 세운 남자아이가 보였다. 자신감이 넘쳐 보이는 그 아이는 에우리피데스 아저씨네 아니, 이제 카산드라네 가게가 된 서점에 앉아 파란색 리본으로 묶은 두루마리 책에 사인을 하고 있었다. 아이 앞에는 책을 사려는 손님들이 줄지어 있었고, 그 옆에는 작가의 이름이 인쇄된 포스터가 커다랗게 붙어 있었다.

'호메로스? 그런 이름은 들어 본 적이 없는데? 그래도 꽤 유명한 작가인가 봐. 너도나도 저 애 책을 사려는 걸 보니. 저런

행사를 열면 수입이 꽤 쏠쏠하겠는걸!'

카산드라가 마침내 입을 열었다.

"엄마, 나한테 좋은 계획이 있어요. 아주 유명한 작가를 모셔서……."

카산드라가 환상을 통해 얻은 아이디어를 엄마에게 말하려는 찰나, 헬레노스가 가게 문을 밀고 들어왔다.

"엄마, 나 환상을 봤어요."

가게 안의 모두가, 심지어 일꾼들까지 모두 동작을 멈추고 숨을 죽인 채 헬레노스의 다음 말을 기다렸다. 하지만 카산드라는 눈을 빙글 굴렸다.

'아, 짜증나! 다들 헬레노스의 예언이라면 귀를 쫑긋 세우면서 내 예언은 신경도 쓰지 않아!'

헬레노스는 모두의 관심을 실컷 받으면서 두 검지를 이마에 대고 한껏 집중하는 척했다.

"음식과 음료수, 두루마리 책이 가득한 엄청나게 큰 행사가 보이네요. 그리고 책을 사려고 우리 가게로 몰려든 손님들에게 유명 작가가 사인을 해 주고 있어요."

카산드라는 속으로 분통을 터뜨렸다.

'아, 정말! 또 나랑 같은 생각을 했잖아!'

헬레노스는 이상할 정도로 카산드라와 같은 환상을 볼 때가 많았다. 그래서 카산드라는 헬레노스가 혹시 자신의 환상에서 어떤 힘을 얻는 게 아닐까 생각해 본 적도 있었다. 카산드라가 뭔가를 생각해 내면 헬레노스도 똑같은 생각을 내놓았기 때문이다. 둘은 쌍둥이지만 카산드라가 먼저 태어났다는 점과 어떤 관련이 있는지도 몰랐다.

"어머나, 헬레노스! 정말 멋지구나!"

헤카베가 탄성을 터뜨렸다. 카산드라가 조금 전에 똑같은 말을 했는데도 그런 말은 아예 처음 들어 본다는 식이었다. 헤카베는 헬레노스와 함께 서점 쪽으로 향하며 '헬레노스의 멋진 생각'에 대해 자세히 의논했다.

'으으으윽! 정말 짜증 나! 다들 헬레노스의 예언은 늘 진지하게 받아들이고 무조건 사실이라고 여기지. 내 예언은 우스갯소리로, 아니 아예 거짓말이라며 귓등으로 흘려버리고 말이야.'

카산드라가 보기에 헬레노스는 정말 운이 좋은 편이었다. 큰오빠 헥토르가 트로이에서 아버지와 함께 지내고 있기 때문에 헬레노스는 방도 혼자 썼다.

기운차게 서점으로 가던 헤카베가 고개를 돌려 두 딸에게 소리쳤다.

"애들아, 오늘 가게 좀 봐주려무나. 공사 감독하고, 확장 기념행사 계획도 짜려니 도무지 짬이 날 것 같지 않구나."

곧이어 헤카베는 가게 한쪽에 놓인 상자를 고갯짓으로 가리켰다.

"카산드라, 오라클 쿠키 좀 구워 주렴. 헬레노스의 새 예언을 넣어야지."

헬레노스는 환상을 보면 파피루스 조각에 예언을 써서 상자에 차곡차곡 담았다. 그러면 그 예언 쪽지는 쿠키 안에 담겨 인간 세상의 손님들에게 전해 졌다. 한편, 올림포스 학교에 보내는 특제 쿠키는 마법의 힘을 지니고 있어서 예언을 소리로 전했다. 때문에 헬레노스는 올림포스 학교로 쿠키를 배송하기 전에 갓 구워진 쿠키 하나하나에 예언을 속삭여 담아야 했다. 그렇다고 시간이 오래 걸리거나 힘이 드는 일은 아니었다. 적어도 카산드라가 쿠키를 반죽하고 굽는 데 들이는 시간과 노력에 비하면 새

발의 피였다!

헤카베와 헬레노스가 떠나자 라오디케가 카산드라와 함께 일을 시작하며 말했다.

"카산드라, 인정할 건 인정하자. 헬레노스가 내어놓은 기념행사 계획은 정말 괜찮았어."

라오디케는 진열대에 쌓인 먼지를 닦은 다음, 영수증을 쓸 때 사용할 깃털 펜을 손질했다.

"언니, 헬레노스의 예언이 애매모호하다고 생각해 본 적 없어?"

카산드라가 거스름돈을 계산할 때 쓰는 주판에서 먼지를 털어 내며 물었다.

"'당신은 웃음소리가 근사한 남자랑 결혼할 겁니다.', '당신이 결혼할 짝을 만나기 전날 밤, 달에서 사람 얼굴 형상을 보게 될 겁니다.'라는 식이잖아. 어떤 건 아예 예언도 아니고 그냥 사실을 말한 것뿐이야. '당신은 친절합니다.', '사람들이 당신을 좋아합니다.'처럼 말이야. 이게 뭐야, 그건 예언을 받은 사람한테 아부하는 거잖아. 사람들은 사람들대로 그 말이 사실이라 믿고 싶으니까 행복해 하고 말이야."

"카산드라, 말하고자 하는 요점이 뭐니?"

그러자 카산드라가 되물었다.

"요점? 너무 뻔하지 않아?"

"아니, 모르겠어."

카산드라는 속으로 대꾸했다.

'그야 당연히 내 예언이 더 낫다는 거지!'

그렇다고 카산드라가 괜히 부풀려 말하는 것도 아니었다. 조금 전만 해도 카산드라는 기념행사 때 올 작가의 이름이 호메로스라는 걸 환상 속에서 보았지만 헬레노스는 알지 못했다.

'물론 난 그 말을 할 기회조차 없었지만 말이야.'

카산드라는 씁쓸한 기분을 곱씹으며 쿠키 반죽을 가지러 지하 얼음 창고에 내려갔다. 잠시 후 카산드라는 어젯밤에 만들어 둔 쿠키 반죽을 들고 진열대 뒤에 마련된 작은 부엌에 섰다. 얼른 반죽을 밀어서 부지런히 쿠키를 구워야 했다. 카산드라가 반죽을 막 펼친 순간, 가게 문에 달린 종이 딸랑딸랑 울렸다.

그날 첫 번째 손님은 잘생긴 소년 신이었다. 라오디케가 방긋 웃으며 손님을 맞으러 다가갔다.

카산드라는 차가운 쿠키 반죽을 부드럽게 만들기 위해 주먹으로 팡팡 두드렸다.

'라오디케 언니가 내 마음을 이해해 주면 좋을 텐데. 언니는 나보다 고작 네 살 많으면서 날 철없는 꼬맹이로 생각한단 말이야. 내가 세상 물정도 모르고, 아무 고민도 없이 지내는 줄 알지. 나도 고민 있거든? 그것도 아주 많다고. 이게 다 올림포스 학교의 아테나, 아프로디테, 아폴론 때문이야!'

팡! 팡!

카산드라는 반죽을 치며 아테나, 아프로디테, 아폴론이 트로이 전쟁 동안 벌인 일을 떠올렸다.

'우리 트로이 사람들 삶에 간섭하면서 얼마나 괴롭혀 댔어? 내 인생에 온갖 문젯거리를 일으킨 건 말할 것도 없고 말이야. 그 셋은 아마 대수롭지 않게 여겼겠지? 나나 우리 트로이 사람들 입장을 한 번이라도 생각해 봤나 몰라.'

이어 카산드라는 밀대에 밀가루를 뿌리고 쿠키 반죽을 밀어서 커다란 팬케이크처럼 납작하게 폈다. 생각은 다른 곳에 있었지만 몸은 저절로 움직였다.

'안드로마케 말로는 올림포스 학교에 다니는 불멸의 존재들은 아무 고민 없이 산다지? 매일 파티를 열고, 춤′나 추고, 숙제도 거의 없이 즐기며 지낸다고 했어.'

카산드라와 안드로마케는 아테나, 아프로디테, 아폴론의 이름이 모두 A로 시작된다는 데 착안해서 그 셋에게 '트리플 A'라는 암호 겸 별명을 붙였다.

'안드로마케는 우리 트로이 사람들을 괴롭힌 트리플 A한테 어떻게든 앙갚음을 해야 한다고 했는데. 그 애들도 조금이나마 어려움을 겪어 봐야 한다면서 말이야.'

카산드라는 쿠키를 오븐에 넣고 호주머니를 톡톡 두드려 보았다. 아침에 써 둔 예언이 호주머니에 가득 들어 있었다.

'안드로마케 말이 맞아. 이 예언을 이용해서 우리 둘이 계획한 복수 작전을 실행해야겠어!'

2 복수 작전

카산드라는 가게 일을 하느라 오전 내내 분주하게 움직였다. 사실 학교 가기 전에 몰래 가게에서 빠져나와 복수 작전을 실행할 작정이었다. 그런데 일이 너무 바빠서 그 기회를 잡을 수 있을지 걱정스러웠다. 아예 1교시 수업을 빠질까 하는 생각도 들었다. 하지만 불멸 쇼핑센터 부설 학교는 월·수·금요일 오후에만 수업이 있기 때문에 한 번이라도 빠지면 진도를 따라가기 힘들었다. 게다가 문학 수업 시간에 있을 토론에도 빠지고 싶지 않았다.

카산드라는 예언을 담을 쿠키가 충분히 마련되자 서둘러 헬레노스에게 가져다주었다. 그러면 헬레노스는 부엌 뒤의 조그만 사무실에 앉아 자기 임무를 수행했다.

카산드라가 쿠키를 굽는 사이, 달콤한 쿠키 향에 이끌리거나 쿠키 안에 든 예언이 궁금한 손님들이 잇달아 가게에 들어왔다. 카산드라는 인간 세상, 올림포스 산, 그 외 온갖 마법의 땅에서 온 손님들이 전해 주는 소식이나 소문을 듣는 게 좋았다. 오늘도 부지런히 쿠키를 구우며 손님들의 말을 무심히 듣고 있는데 어디에선가 아테나의 이름이 들렸다. 카산드라는 귀를 쫑긋 세우고 진열대 너머를 슬며시 내다보았다. 카산드라 또래의 남자아이 셋이 시끌벅적하게 가게로 들어서고 있었다. 같은 학교를 다니기 때문에 카산드라도 아는 아이들이었다. 그중 두 명은 괜찮은데, 아가멤논이라는 아이는 무엇 때문인지 늘 카산드라를 괴롭혔다.

셋 중 하나가 말했다.

"아테나가 이끌어 주는 게 틀림없어. 오디세우스는 그리스 영웅이잖아. 트로이 전쟁을 끝내고 오디세우스가 고향 이타카로 돌아가고 있다면, 당연히 아테나가 도와주지 않겠어?"

그 말을 들은 카산드라는 속으로 중얼거렸다.

'흠, 그거 흥미로운 소식인데.'

카산드라는 조리대를 깨끗이 치우면서 그 정보를 머릿속에 잘 기억해 두었다. 나중에 복수 작전을 실행할 때 도움이 될 것 같았다.

이어 카산드라는 서둘러 쿠키 진열대로 갔다. 라오디케가 불멸 쇼핑센터에서 화장품 가게를 하는 클레오를 맞이하느라 일손이 모자랐기 때문이다. 보라색 머리칼에 눈이 셋 달린 클레오는 올림포스 학교 선생님이자 자신의 애인인 키클롭스에게 선물할 쿠키를 고르고 있었다.

카산드라는 마지못해 쭈뼛쭈뼛 남학생들을 맞았다.

"얘들아, 안녕. 특별히 찾는 쿠키라도 있니?"

아가멤논이 대뜸 나섰다.

"말 모양 쿠키는 없어?"

아가멤논은 친구들을 향해 씩 웃더니 진열대에 팔꿈치를 괴고 기대어 서서 온갖 폼을 잡았다.

'하! 하! 하! 야, 안 웃기거든?'

카산드라는 자신을 놀리려는 아가멤논의 속셈을 곧장 알아차렸다. 예전에 카산드라는 오디세우스를 포함한 그리스 군사들이 거대한 목마 안에 숨어 들어와 트로이를 멸망시키리라는 내용의 예언을 했었다. 그러나 사람들은 예언이 처음 나왔을 때는 물론, 예언이 현실로 드러난 뒤조차 카산드라의 말을 믿지 않았다. 예언을 듣고 나서 시간이 조금 흐르면 카산드라의 말을 완전히 엉뚱하게 기억했기 때문이었다.

'다들 내 예언을 반대로 기억하고 있어!'

이내 카산드라는 일부러 생글생글 웃으며 대답했다.

"말 궁둥이 모양 쿠키는 만들 수 있는데 기다릴래? 참, 그 위에 네 얼굴을 그려도 되지?"

카산드라의 환한 표정에 넘어간 아가멤논은 잠시 후에야 자신이 한 방 먹었다는 걸 깨달았다. 아가멤논이 자세를 고쳐 서며 인상을 확 찌푸렸다.

"야! 그게 무슨 소리야?"

"얘들아, 미안한데 말 모양 쿠키는 없어."

마침 클레오를 보낸 라오디케가 진열대로 다가오며 말을 건넸다. 라오디케는 카산드라를 향해 살짝 얼굴을 찌푸리며 고개를 저었다. 말조심하라는 경고였다. 직원 태도가 불량하다고 소문이 나면 손님이 끊길 수도 있기 때문이다.

"언니 말이 맞아. 미안한데 말 모양 쿠키는 없어."

카산드라는 여전히 상냥한 목소리로 대꾸했다.

"그러니 너희도 어서 나가는 게 좋을걸? 일부러 그러는 건 아닌데 내가 가끔 액운을 불러오거든."

카산드라는 누군가의 미래가 담긴 환상을 보면 행운과 액운을 가리지 않고 그대로 전했다. 액운을 보더라도 미리 경고해 주어야 한다는 의무감 때문이었다. 하지만 사람들은 카산드라의 예언을 처음에만 믿다가 어느 정도 시간이 지나면 카산드라가 엉뚱한 소리를 했다고 여겼다. 심지어 나쁜 일이 생겼을 때 카산드라 탓을 하는 경우도 종종 생겼다. 결국 카산드라한테는 '불행을 불러오는 아이'라는 딱지가 붙고 말았다. 카산드라로서는 도무지 옴짝달싹할 수도 없는 노릇이었다!

아가멤논 무리의 얼굴에는 불안한 기색이 어렸다. 어쩐지 두려워하는 것도 같았다. 아가멤논의 친구 둘이 각종 무기와 운동용품을 파는 가게 '아세다스'에 새 방패를 사러 가야 한다는 핑계를 대며 꽁무니를 빼고 달아났다. 그러나 아가멤논은 꼼짝하지 않았다.

카산드라는 다시 자기 할 일을 시작했다. 아가멤논이 쿠키를 구경하는 척 돌아다니며 자신을 흘끔거리는 게 느껴졌다.

'아니 저 애는 왜 아직도 저러고 있는 거지? 내가 액운을 불러온다는 소문을 믿지 않는 건가? 저 애 친구들은 철석 같이 믿는 것 같던데. 빨리 쫓아내려고 일부러 더 겁을 준 거라고!'

카산드라가 길에 나서면 사람들은 종종 검은 고양이라도 본

양 어떻게든 카산드라와 마주치지 않으려고 피했다. 장애물을 만난 듯 카산드라 곁을 빙 돌아가는 사람도 있었다. 사람들의 불안감을 카산드라 스스로 역이용할 때도 있었지만, 그런 반응을 볼 때면 항상 마음이 불편했다.

'요즘 나도 이래저래 운이 없었어. 하지만 자신의 운은 스스로 만들어 갈 수 있잖아. 내가 지금 하려는 일이 바로 그거야. 기회가 오는 대로 가게에서 빠져나가 아주 중요한 일을 할 작정이지. 복수라고 들어 봤어?'

"다했어."

헬레노스가 사무실에서 나오더니 예언 쪽지 상자 옆에 특제 오라클 쿠키 상자를 올려놓았다.

"어, 아가멤논, 여긴 어쩐 일이야?"

헬레노스는 아가멤논을 발견하고서 얼굴이 확 밝아졌다.

"같이 아세다스 갈래? 새 칼이 들어왔다더라?"

카산드라는 어금니를 악물었다.

'으으윽! 헬레노스는 아가멤논이 트로이 전쟁 때 적군이었다는 사실이 아무렇지도 않나 봐.'

아가멤논은 어깨를 들썩이며 선뜻 대답했다.

"그래."

헬레노스와 아가멤논이 밖으로 나가자마자 라오디케는 카산드라의 기분을 풀어 주려 했다.

"남자애들 말에 휘둘리지 마. 아가멤논이 왜 너한테 집적대는지 너도 알잖아."

카산드라가 되물었다.

"글쎄, 대체 왜 그러는 거래? 순 명청이라서 그런 거 아니야?"

딩동!

오븐의 타이머 소리가 울렸다. 카산드라는 얼른 오븐으로 가서 갓 구워진 쿠키를 꺼냈다. 카산드라가 쿠키를 식힘망에 하나하나 올려놓는 사이 라오디케가 대답했다.

"그 앤 널 좋아해서 그러는 거야."

'뭐라고? 언니 말이 사실이라면 그 애더러 시간 낭비 말라고 해야겠네. 내가 그런 못된 골목대장 같은 애를 마음에 들어 할 리 없잖아.'

카산드라는 도리어 맥이 쭉 빠지는 것 같았다.

"날 좋아해서 못살게 군다니, 웃기네. 아! 아니지, 이건 웃기지도 않아."

라오디케는 카산드라를 바라보며 아직 멀었다는 듯이 씩 웃었다.

"남자애들 중에 일부러 그러는 애들이 있어. 어쨌든 난 아가멤논이 꽤 잘생겼다고 생각하는데? 물론 열세 살이면 나한텐 너무 어리지."

카산드라는 어이없다는 듯이 눈을 빙글 굴렸다. 요즘 라오디케의 모든 관심은 남자한테 쏠려 있는 듯했다. 지금은 도로스씨의 '영웅 만들기!'라는 가게에서 일하는 남학생에게 마음을 두고 있지만, 지난주에는 클레오의 아들을, 그 전주에는 또 다른 남학생을 좋아했다.

'언니가 매주 다른 상대를 짝사랑하든 말든 상관없어. 하지만 난 남자아이라면 질색이야! 어느 불멸의 존재 덕분에 이미 충분히 시달릴 만큼 시달렸는걸. 예언의 신 아폴론이라고 말이지.'

카산드라가 다섯 살, 아폴론이 여섯 살 때의 일이었다. 둘은 어느 신전에서 우연히 만났는데, 아폴론이 대뜸 카산드라에게 영원한 저주를 걸어 버렸다! 아폴론은 사람들이 카산드라의 예언을 처음에만 사실이라고 믿다가 점차 거짓이라고 생각하게 될 거라고 저주했고, 실제로 그 뒤로 아무도 카산드라의 예언을 믿지 않았다.

'진짜 억울해! 하긴 안드로마케 말에 따르면 불멸의 존재는

원래 다 거만하다잖아. 인간들이 자신을 좋게 여기든 말든 신경 쓰지 않고 말이야.'

아폴론도 아폴론이지만, 아프로디테도 인간의 마음을 얻는 일에는 관심이 없는 듯했다. 아프로디테 때문에 카산드라의 오빠 파리스가 그리스의 여왕 헬레네를 사랑하게 되었고, 둘의 사랑은 결국 트로이 전쟁을 불러왔으니까.

하지만 카산드라는 뭐니 뭐니 해도 아테나가 벌인 일에 가장 분노했다. 트로이에 목마를 보낸 장본인이 바로 아테나이기 때문이었다.

카산드라는 목마가 도시로 들어왔을 때 어떤 일이 일어날지 환상을 통해 일찌감치 알게 되었다. 그 사실을 트로이 사람들에게 경고하려 했지만 아폴론이 내린 저주 때문에 아무도 카산드라의 말을 믿지 않았다. 결국 트로이 성문을 통과한 목마에서 아테나가 아끼는 오디세우스와 그리스 영웅들이 우르르 쏟아져 나왔고, 트로이는 곧 멸망하고 말았다.

조금 전 아가멤논이 말 이야기를 꺼낸 것도 바로 그 사건을 두고 하는 소리였다.

'나의 가장 큰 실패를 모두가 기억하고 있잖아! 아, 생각만 해도 얼굴이 화끈거려.'

딩동!

오븐의 타이머 소리가 다시 울리자, 카산드라는 새 쿠키를 꺼내며 뒤를 슬며시 확인했다. 라오디케는 손님을 맞느라 바빴고, 엄마는 서점에서 일꾼들과 이야기를 나누고 있었다.

'지금이 기회야!'

그런데 막상 복수 작전에 돌입하려니 어쩐지 망설여졌다. 카산드라는 도무지 남에게 못되게 굴 수 있는 성격이 아니었다.

'하지만 모든 게 너무 짜증 나고 화나! 안드로마케도 내가 지난 7년 동안 겪었던 불운이 다 트리플 A 때문이라고 했는걸. 이제 와서 복수 작전에서 빠질 순 없어. 안드로마케를 실망시킬 순 없잖아.'

카산드라는 아침에 써 두었던 예언 쪽지를 호주머니에서 꺼내 진열대에 우르르 내려놓았다. 그리고는 쪽지 한 장을 반으로 접어 따뜻한 쿠키에 올려놓고서, 그 위에 새 쿠키를 대고 부드럽게 눌렀다. 두 쿠키가 하나로 합쳐지면서 예언 쪽지로 속을 채운 쿠키 샌드위치가 만들어졌다.

카산드라는 예언 쪽지가 모두 동날 때까지 차례차례 쿠키 속에 숨겼다. 헬레노스처럼 쿠키에 대고 직접 예언을 불어넣고 싶었지만, 엄마나 언니한테 들킬 수도 있으니 일단은 예언 쪽지로

만족해야 했다.

이어 카산드라는 완성된 쿠키를 하나씩 포장한 다음, 올림포스 학교로 배달될 바구니에 넣었다. 각각의 쿠키가 제 주인을 찾아갈 수 있을지는 걱정할 필요가 없었다.

'남들이 뭐라 생각하든 내 예언은 헬레노스의 예언보다 훨씬 강력해. 반드시 예언의 주인이 자신의 쿠키를 고르게 되어 있어. 내 예언의 주인이 아니라면 그 아이는 헬레노스의 쿠키를 가져갈 거야.'

"카산드라?"

헤카베가 부르는 소리에 카산드라는 놀란 토끼 눈을 하고 고개를 번쩍 들었다.

'설마 엄마한테 걸린 건가?'

카산드라는 가능한 태연하게 대답했다.

"네, 엄마."

다행히 헤카베는 카산드라에게 심부름을 시키려고 부른 것뿐이었다.

"데메테르 여신 님의 가게에 가서 쿠키 한 상자랑 밀가루를 맞바꾸어 오렴."

카산드라는 남몰래 안도의 한숨을 쉬었다.

'휴, 다행이다.'

헤카베가 다시 말을 이었다.

"카산드라, 나가는 김에 올림포스 학교에 보낼 쿠키를 헤르메스 택배 센터에 가져다주지 않겠니?"

"네!"

카산드라는 흔쾌히 대답하고서 속으로 덧붙였다.

'앗싸! 타이밍 끝내주는걸!'

카산드라는 데메테르 여신에게 가져갈 쿠키 상자와 올림포스 학교에 보낼 쿠키 바구니를 집어 들고 쏜살같이 가게를 빠져나갔다.

불멸 쇼핑센터는 크기도 어마어마하지만 놀랄 만큼 아름다운 곳이었다. 높다란 천장에서는 수정 지붕이 눈부신 빛을 뿌리고, 그 아래에는 수많은 기둥들이 죽 늘어서 있었다. 기둥 사이사이에 자리한 가게들은 그리스의 최신 패션부터 삼지창이나 벼락 같은 온갖 물건을 다 팔았다.

카산드라는 부지런히 달려서 쇼핑센터 안뜰과 철쭉에 둘러싸인 분수대 옆을 가로질렀다. 클레오의 화장품 가게 앞을 지날 때에는 손을 흔들어 얼른 인사만 건넸다. 여느 때처럼 초록색 옷만 파는 '녹색 풍경' 가게에 신상품이 들어왔는지 확인하지도, '천상의 선물' 가게에서 파는 온갖 마법 선물들을 한참 구경하지도 않았다. 아예 쇼핑센터 내의 어떤 가게에도 눈길을 주지 않았다.

'오늘은 중요한 임무를 수행해야 하니까!'

카산드라는 유리문 너머로 해시계를 확인했다.

'12시 3분 전이네.'

카산드라는 '데메테르의 데이지, 수선화, 그리고 꽃이 주는 기쁨' 가게를 그대로 스쳐 지났다. 카산드라네 가족은 쇼핑센터의 여러 가게에서 쿠키와 필요한 물품을 맞바꾸어 생활했다. 지금도 갓 구운 쿠키와 앞으로 쿠키를 만들기 위해 필요한 밀가루를 바꾸어야 하는데, 일단 그 심부름은 뒤로 미룰 작정이었다.

'먼저 쿠키부터 올림포스 학교로 보내야 해. 헤르메스 택배 전차가 12시에 떠난단 말이야.'

카산드라는 더욱 속력을 높여 헤라의 웨딩숍 '해피엔딩'을 지났다. 가게 안에서는 아름답고 당당한 여신 헤라가 어떤 여자에게 하얀 베일을 써 보라고 권하고 있었다. 아마 결혼을 앞둔 손님인 듯했다.

헤라 또한 얼마 전 신들의 제왕이자 하늘을 지배하는 자이며, 올림포스 학교 교장이기도 한 제우스와 결혼했다. 카산드라는 제우스란 이름을 생각하자 곧바로 제우스의 딸 아테나가 떠올랐다.

'아테나, 두고 봐! 날 웃음거리로 만들었겠다!'

카산드라의 가족은 트로이 전쟁 때 어떤 일이 벌어졌는지, 불멸의 존재들이 어떤 역할을 했는지 다 잊어버린 것 같았다. 하지만 카산드라는 도저히 그냥 넘어갈 수가 없었다. 트로이에 있는 집이 너무 그리웠다. 지금은 가게 위의 아파트에서 복작복작 지내는 신세지만 트로이에서는 궁전에 사는 공주였다. 게다가 친구도 꽤 많았다. 비록 대부분이 부모님이 골라 준 친구들이었지만 말이다.

카산드라가 매직 쾌직 앞을 지나자 안드로마케가 문 밖으로 고개를 내밀었다. 그러고는 엄지를 척 추켜세우며 소리쳤다.

"힘내!"

"고마워!"

카산드라는 안드로마케의 응원을 받고 기분이 한결 나아졌다. 안드로마케는 카산드라의 예언이 정확하지 않아도 말썽 정도는 충분히 일으킬 수 있다고 확신했다. 게다가 안드로마케는 카산드라와 비교도 되지 않을 만큼 불멸의 존재를 향한 독한 앙심을 품고 있었다. 지금까지 이 복수 작전을 지지하고 끌어온

이도 바로 안드로마케였다.

 그렇다고 해서 둘이 누군가를 다치게 하거나 큰 문제를 일으킬 작정은 아니었다. 그저 올림포스 학교 학생들 사이에, 특히 트리플 A를 중심으로, 약간의 소동을 일으키려는 것뿐이었다. 카산드라도 안드로마케도 올림포스 학교에 보낼 예언이 어떤 결과를 불러올지 알지 못했고, 그 때문에 조금 걱정스럽기도 했다.

 '제우스 님에게 보내는 예언도 두 개나 있는걸! 그중 하나는 '회전목마'라는 말뿐이지만 말이야. 그게 대체 무슨 소리일까? 도무지 짐작이 가지 않아!'

 그때 불멸 쇼핑센터 반대편 끝에 있는 헤르메스 택배 센터가 보였다. 카산드라는 목을 쭉 빼고 앞을 살폈다. 쇼핑센터 유리문 너머로 헤르메스의 택배 전차가 보였다. 은색 날개가 달린 전차에는 이미 택배 상자가 켜켜이 쌓여 있었다. 헤르메스가 사무실에서 부산스럽게 나와 전차로 가더니 마지막 상자를 실었다. 이제 인간 세상을 떠나 올림포스 학교와 여러 마법 나라로 떠날 참인 듯했다.

 '오, 안 돼! 전차가 떠나기 전에 무조건 잡아야 해. 하루가 지나면 쿠키가 상할 수 있고, 그렇게 되면 쿠키는 그냥 버려진단 말이야.'

카산드라는 젖 먹던 힘까지 내어 달렸다.

"기다려요!"

카산드라가 소리쳤지만, 유리문 너머에 있는 헤르메스는 카산드라의 고함 소리를 듣지 못하는 것 같았다.

카산드라는 계단을 후다닥 내려가 쇼핑센터 출입문을 밀치고 밖으로 나섰다. 택배 전차가 날개를 퍼덕이며 날아오르고 있었다.

"여기요!"

카산드라는 위로 폴짝 뛰어오르며 바구니를 높이 던졌다.

툭!

바구니가 전차 안에 아슬아슬하게 들어갔다.

"올림포스 학교에서 주문한 오라클 쿠키예요!"

성격 급한 헤르메스는 카산드라를 내려다보며 짜증스러운 듯이 끙 소리만 냈다. 카산드라는 헤르메스의 눈총을 못 본 척 활짝 웃으며 손을 흔들었다.

"고맙습니다!"

카산드라는 헤르메스의 전차가 하늘 높이 날아올라 작은 구름 속으로 사라질 때까지 가만히 지켜보았다. 카산드라의 입가에는 싱글싱글 웃음이 떠나지 않았다.

'자, 이제 특제 쿠키는 내 손을 떠났어. 과연 불멸의 존재들이 쿠키 안에 숨겨져 있는 미끼를 덥석 물게 될까?'

쿠키의 예언

목요일 점심시간, 아테나는 한쪽 팔에 낀 두루마리 뭉치를 놓치지 않으려 애를 쓰며 반대쪽 손으로 쟁반을 쓱 밀었다. 아테나는 자기 앞에 몇 명이나 서 있는지 힐끔 확인했다.

'아, 아침 내내 열심히 수업을 들었더니 배가 너무 고픈걸!'

배식 줄 끝에 오라클 오 제과점 상표가 찍힌 낯익은 바구니가 보였다. 아테나는 바구니에서 풍기는 달콤한 초콜릿 향기를 흠뻑 들이마셨다.

"하아……."

아테나는 잠시 두 눈을 감고 기분 좋은 향기를 음미했다. 그러고는 바로 앞에 선 아프로디테에게 말을 걸었다.

"오늘따라 쿠키가 유난히 맛있을 것 같아."

아프로디테가 금발을 휘날리며 뒤돌아보더니, 이내 길게 늘어뜨린 머리카락을 어깨 너머로 휙 넘기며 대답했다.

"나도 먹고 싶어서 입에 침이 고이던 참이야. 아이참, 우리가 갈 때까지 남아 있어야 하는데!"

아테나는 빙긋 웃으며 대꾸했다.

"남아 있지 않더라도, 네가 먹고 싶다고 말 한마디만 하면 남학생들이 너도나도 자기 쿠키를 주겠다며 몰려들걸?"

빈말이 아니었다. 남학생들은 늘 아프로디테의 관심을 얻고 싶어 안달복달했다. 아프로디테는 사랑과 미의 여신이며 올림포스 학교에서 가장 아름다운 여신이니까! 지금도 켄타우루스 한 명이 넋을 잃고 쳐다보는데도 아프로디테는 눈치조차 채지 못했다.

아테나와 아프로디테는 줄을 따라 움직이며 암브로시아 샐러드와 넥타르 한 통을 받았다. 배식 줄 끝에 다다르자 아프로디테는 오라클 쿠키 바구니에 손을 뻗었다가 깜짝 놀라 주춤거렸다. 쿠키 하나가 기다렸다는 듯이 아프로디테의 손으로 도르르 굴러 왔기 때문이다! 아프로디테는 까르르 웃음을 터뜨리며 다시 손을 뻗어 쿠키를 집었다.

이어 아테나도 바구니에 손을 뻗었다. 그러자 마법 쿠키들이 이리저리 자리를 옮기더니 그중 하나가 아테나의 손끝으로 다가왔다. 결국 아테나도 이상할 정도로 자기 것이 되고 싶어 하는 쿠키를 집어 들었다.

아테나와 아프로디테가 늘 앉는 자리로 갔더니 먼저 도착한 페르세포네가 쿠키를 들고 있었다. 다들 쿠키의 유혹을 뿌리치지 못한 모양이었다! 사실 맛도 맛이지만 예언을 듣는 재미가 쏠쏠했다.

페르세포네가 아테나의 쟁반에서 쿠키를 발견하고 말을 꺼냈다.

"아테나, 기억나니? 예전에는 오라클 쿠키를 볼 때마다 기겁했잖아."

"이젠 안 그래."

아테나는 넥타르 통에 빨대를 꽂으며 말을 이었다.

"처음 여기 전학 왔을 때는 질겁했지. 말하는 음식을 어떻게 먹니? 하지만 진짜 살아 있는 게 아니란 걸 알고부터는 정말 좋아하게 됐어!"

그러자 페르세포네가 활짝 웃으며 고개를 끄덕였다. 길고 붉은 곱슬머리가 따라서 찰랑거렸다.

"나도 그래."

"쿠키 사랑에 사랑의 여신이 빠질 순 없지!"

아프로디테의 말에 세 친구는 까르르 웃음을 터뜨렸다.

신나게 웃던 아테나는 식당으로 들어서는 아르테미스를 발견하고 반갑게 손을 흔들었다. 아르테미스는 여느 때처럼 한쪽 어깨에 활을 걸고 등에 화살집을 메고 있었다. 점심을 먹는 데 활쏘기가 필요할 리 없지만, 아르테미스는 거의 언제나 활과 화살을 지니고 다녔다.

'하긴 그렇게 따지면 나도 점심시간에 두루마리 교과서가 필요한 건 아니잖아. 하지만 읽을거리가 곁에 있으면 마음이 늘 편해지는걸.'

아테나는 넥타르를 쭈우욱 들이마셨다. 그러자 곧바로 몸이 더 반짝반짝 빛났다. 불멸의 존재가 넥타르를 마시면 나타나는 반응이었다.

그때 아르테미스가 아테나 맞은편에 앉았다. 페르세포네가 아르테미스의 쟁반에 담긴 쿠키를 향해 고갯짓을 하며 말했다.

"오늘따라 다들 쿠키를 찾네."

"응, 어쩌겠어? 쿠키가 계속 내 이름을 부르고 있던걸."

아르테미스는 씩 웃으며 포장된 쿠키를 입가에 갖다 댔다. 그러고는 일부러 목소리를 바꾸어 쿠키가 말하는 척했다.

"아르테미스! 아르테미스! 먹어 줘! 먹어 줘!"

다들 푸하하 하고 웃음을 터뜨렸다. 아테나는 너무 심하게 웃느라 하마터면 넥타르를 콧구멍으로 뿜을 뻔했다. 커다란 웃음소리에 식당에 있던 아이들도 무슨 일인가 싶어 고개를 돌렸다. 그러고는 네 여신을 따라 함께 빙그레 웃었다. 그만큼 모두 아테나, 아프로디테, 아르테미스, 페르세포네를 좋아했다.

잠시 후 식사를 마친 아테나가 쿠키의 포장을 벗겼다. 잠자코 예언을 기다리는데 어째서인지 쿠키가 아무런 반응을 보이지 않았다.

"이런, 내 쿠키는 실패작인가 봐."

아테나가 실망한 내색을 보이자 아프로디테도 혼란스러운 표정으로 말을 꺼냈다.

"내 것도 이상해."

아테나는 일단 쿠키를 먹어 보기로 하고 한 입 베어 물었다.

"엉?"

입안에서 뭔가 이상한 맛이 느껴졌다. 얼른 쿠키를 뱉었더니 쿠키 사이에 작은 파피루스 조각이 삐죽 튀어나와 있었다.

"애들아, 이거 봐!"

아테나가 쿠키를 내밀자 페르세포네도 자기 쿠키를 들어 보였다.
"여기도 들었어."
아프로디테도 동시에 외쳤다.
"내 쿠키에도 들었어. 아마 여기에 예언이 쓰여 있나 봐."
아테나는 들고 있던 쿠키에서 파피루스 조각을 꺼내 큰 소리로 읽었다.
"물론 말이지."

대번에 페르세포네가 풋 하고 웃음을 터뜨렸다.

"무슨 예언이 그래?"

"나도 무슨 소리인지 모르겠어."

아테나는 파피루스 조각의 뒷면을 확인하며 말을 이었다.

"뒤에 보이는 건 어떤 그림의 일부 같은데 역시 뭔지 모르겠어."

"내 예언은 뭐라고 되어 있는지 볼까?"

아프로디테가 파피루스 조각을 꺼내 읽었다.

"당신은 패션 감각이 없어요."

아프로디테는 인상을 찌푸리며 친구들을 바라보았다.

"뭐야? 이건 예언이 아니잖아. 게다가 내용도 완전 틀렸어."

아테나는 아프로디테의 반응을 이해할 수 있었다. 아프로디테는 패션에 관심이 많아서 상황에 맞추어 매번 다른 옷으로 바꿔 입었다. 심지어 하루에 다섯 번이나 옷을 갈아입을 때도 있었다. 지금도 진분홍 키톤을 입고, 머리부터 발끝까지 분홍으로 맞춘 모습이 멋지기만 했다. 긴 금발에는 분홍 리본이, 진분홍 매니큐어를 바른 손톱에는 작은 하트 장식이 반짝반짝 빛을 발했다. 아프로디테가 하는 건 뭐든 여학생들 사이에서 유행이 되니 내일부터 너도나도 같은 색깔 매니큐어를 바르고 나타날 게 분명했다!

이번에는 페르세포네가 쿠키 안에 들어 있던 파피루스를 꺼냈다.

"내 예언은 '당신의 초록 엄지는 갈색으로 변할 거예요.'라고 쓰여 있어. 흠, 그럴 리가 없는데."

페르세포네는 예언 쪽지를 내려다보며 인상을 찌푸렸다. 페르세포네가 괜히 '초록 엄지를 가졌다'는 칭찬을 듣는 게 아니었다. 페르세포네의 손길이 닿으면 갈색으로 변해서 다 죽어 가던 식물이라도 금방 싱싱한 초록빛을 띠고 꽃을 활짝 피웠다. 심지어 페르세포네가 최근에 만들어 낸 꽃은 황량하고 뜨거운 지하 세계에서도 잘 자라서 그 유명한 안테스티리아 꽃 축제에 전시될 정도였다!

바로 그때 제우스가 학생 식당에 들어섰다. 이어 파란색 머리칼을 뾰족뾰족하게 세운 인간 소년도 서둘러 따라 들어왔다. 그런데 쉴 새 없이 뭔가를 이야기하는 모습이 아무래도 제우스를 설득하려 애쓰고 있는 듯했다. 제우스가 힘이 있다 보니 인간들은 늘 제우스에게 자기 부탁을 들어 달라고 아우성쳤다. 그도 그럴 것이 제우스는 올림포스 학교 교장일 뿐만 아니라 신들의 제왕이자 하늘을 다스리는 자가 아닌가?

소년의 행동을 지켜보던 아테나는 문득 궁금했다.

'저 애는 뭘 원하는 걸까? 뭔가 대단한 생각이 있어서 아빠한테 재정 지원을 부탁하고 있는 걸까? 뭘 원하는지 몰라도 저래서는 아빠의 도움을 받지 못할 텐데. 아빠는 뭐든 직접 생각해 내는 걸 좋아한단 말이야.'

아테나는 혼잣말하듯 중얼거리며 친구들에게 말을 걸었다.

"아빠랑 같이 있는 저 파란 머리 애는 누굴까? 손에 파란색 리본으로 묶은 두루마리 책을 들고 있네?"

곧 대답이 들려왔다.

"저 애 이름은 호메로스야."

아테나가 고개를 돌려 보니 어느새 소문의 여신 파마가 옆에 와 있었다. 파마는 얼마 전 제우스한테 선물 받은 날개를 살랑여 보였다. 파마의 짧은 머리칼과 입술에 바른 립글로스 그리고 작고 반짝이는 날개도 주황색이었다.

아테나는 어쩐지 호메로스라는 이름이 낯익었다. 어디서 그 이름을 들었는지 기억을 더듬느라 인상까지 찌푸리자 파마가 다시 정보를 건넸다.

"지금 뜨고 있는 작가야."

파마의 입에서 구름 글자가 퐁퐁 솟아올랐다. 덕분에 다른 아이들도 파마가 무슨 말을 하는지 알 수 있었다.

"손에 들고 있는 저 두루마리 책을 직접 썼대. 아직 출간되지는 않았는데 제목이 〈일리아드〉라고 하더라. 다음 주부터 서점에서 살 수 있나 봐."

그러자 아테나가 손가락을 딱 튕겼다.

"아, 그렇구나. 어제 〈주간 그리스 뉴스〉에서 〈일리아드〉 소개 글을 읽었어."

"어떤 이야기래?"

아프로디테가 묻자 이번에도 파마가 대답했다.

"트로이 전쟁."

냉큼 대답해 놓고서 이내 자신이 없는지 파마는 불안한 눈으로 아테나를 쳐다보며 물었다.

"맞지?"

아테나는 고개를 끄덕였다. 아이들은 아테나가 무엇이든 다 알거라고 생각했다. 그래서 아테나에게 늘 이것저것 물어 댔고, 덕분에 아테나는 이렇게 불쑥 질문을 받는 데 꽤 익숙했다.

"그래, 〈일리아드〉는 장단단 6보격으로 쓴 장문 시야. 장단단 6보격은 시인들이 쓰는 운율 형태 중 하나고."

"진짜?"

파마가 눈을 반짝 빛내더니 제우스의 손님에 대해 새로운 소식을 퍼뜨리려 쌩하고 달려갔다. 얼마 후 아테나는 파마가 건너편 탁자에 앉은 아이들에게 전하는 말을 보고서 웃음이 터질 뻔했다. 파마의 머리 위에는 '장딴지 탱탱 부은 격 운율'이라는 구름 글자가 떠 있었다.

아르테미스가 쿠키의 포장을 벗기며 호메로스란 아이를 힐끗 쳐다보더니 말을 꺼냈다.

"얘들아, 저 애 말이야. 왜 우리 학교에 왔을까?"

아테나가 대답했다.

"아마 저 애가 쓴 〈일리아드〉와 관련이 있는 것 같아. 아직 서점에서 팔진 않지만 언론의 관심을 잔뜩 받고 있거든. 그런데 내가 읽은 기사에 따르면 내용이 그다지 정확하진 않나 봐."

아르테미스는 쿠키를 우적우적 씹어 먹으며 되물었다.

"그게 무슨 소리야?"

아테나는 짜증 난다는 듯 한숨을 푹 쉬었다.

"트로이 전쟁에 대한 글을 썼다면서 뭘 빠트린 줄 알아?"

친구들이 추측할 틈도 없이 아테나가 먼저 말을 이었다.

"내 트로이 목마 이야기를 쏙 빼 버렸대."

"뭐?"

페르세포네가 어이없다는 표정으로 되물었다.

"트로이 전쟁을 종결시킨 사건을 빼고서 무슨 수로 그 이야기를 마무리했대?"

아테나가 맞장구를 쳤다.

"내 말이 그 말이라니까."

"어, 얘들아. 내 쿠키에도 예언 쪽지가 들어 있어."

아르테미스는 먹고 있던 쿠키에서 파피루스 조각을 끄집어내어 큰 소리로 읽었다.

"당신은 연달아 다섯 번이나 과녁을 빗맞힐 거예요."

지나가던 아폴론이 아르테미스의 말소리를 듣고 코웃음을 쳤다.

"하! 말도 안 돼! 넌 이제껏 단 한 번도 과녁을 연달아 다섯 번이나 놓친 적이 없는걸!"

아폴론은 아르테미스의 쌍둥이 동생으로, 둘은 거의 매일 활쏘기 연습을 함께했다.

"뭐 틀린 말은 아니지."

아르테미스는 고개를 끄덕이며 아폴론과 기분 좋게 하이파이브를 했다.

"이 예언들 말이야, 하나같이 다 이상해. 여기 내 것도 들어 봐."

 아폴론이 튜닉 호주머니에서 파피루스 조각을 꺼내 읽어 주었다.

 "당신은 저주를 되돌려야 해요."

 아테나가 보니 아르테미스와 아폴론의 예언 쪽지 뒤에도 그림이 그려져 있었다. 아테나는 고개를 갸웃하며 아폴론에게 물었다.

 "저주? 무슨 저주?"

 "바로 그게 핵심이야. 난 평생 한 번도 남한테 저주를 걸어 본 적이 없거든. 물론 1학년 주술학 시간에 아이들끼리 서로 한두 번 정도 짓궂은 주문을 건 적은 있지. 그런데 다들 그 정도는 해 보잖아."

 아폴론이 친구들과 자리를 뜨자 아테나는 제우스 쪽으로 눈길을 돌렸다. 마침 제우스가 오라클 쿠키를 발견하고 두 눈을 반짝이며 쿠키 바구니 쪽으로 가고 있었다. 제우스는 쿠키를 두어 개 집어 들고 출입문 쪽으로 가기 위해 아테나가 앉은 자리 쪽으로 움직였다.

 '엉? 순전히 간식을 가지러 여기까지 오신 거였어? 하긴 아빠가 쿠키를 좋아하긴 하시지.'

호메로스는 여전히 주절주절 떠들며 제우스를 뒤따랐다. 그 모습을 보고 있던 아테나는 저도 모르게 어떤 전율을 느꼈다. 호메로스가 지구상에서 이야기를 가장 정확하게 전하는 작가는 아니지만, 출판계에서 유명 인사로 떠오르고 있는 것만큼은 분명했다. 비록 트로이 목마 이야기를 빼 버린 점이 걸리기는 하지만 아테나는 조금이라도 더 빨리 호메로스의 책을 읽고 싶었다. 페르세포네의 말처럼 트로이 목마는 아테나의 생각이었고, 전쟁의 승리를 불러온 결정타였다.

'그렇게 중요한 사실을 빼다니. 작가라면서 어떻게 그럴 수가 있지?'

아테나는 호메로스에게 직접 따져 묻고 싶었지만 제우스와 호메로스가 아테나 앞에 멈춰 서자 어쩐지 부끄러웠다.

호메로스가 제우스에게 잔뜩 자랑을 늘어놓았다.

"이미 말씀드린 것처럼 〈일리아드〉는 언론에서 아주 좋은 평가를 받고 있어요. 제 입으로 말하긴 그렇지만, 사실 반응이 아주 뜨거워요. 몇몇 평론가는 제 작품에 대해 대단한 두루마리 책이라며 반드시 대대손손 읽히게 될 거라고 하더군요."

제우스는 오라클 쿠키 포장을 벗기느라 호메로스의 말을 귓등으로 흘리고 있었다.

"다음 주에 〈일리아드〉가 출간되거든요. 전 세상을 아주 깜짝 놀라게 하고 싶어요."

제우스가 언론 소개 글을 읽어 보지 않겠다는데도 호메로스는 물러서지 않고 계속 자기 할 말을 했다.

"제 출간 기념 작가 사인회를 할 장소로 이곳 올림포스 학교만한 곳이 또 어디 있겠어요? 풍선도 달고, 음식도 주문해서 큰 행사를 여는 거죠. 어떻게 생각하세요?"

그때 제우스가 쿠키 안에서 파피루스 조각을 발견했다.

"이게 뭐야?"

제우스는 인상을 찌푸려 가며 예언을 읽었다.

"당신은 불멸 쇼핑센터에 있는 서점에서 큰 파티를 열게 될 거예요!"

순간 제우스의 얼굴이 확 밝아졌다. 제우스는 신탁, 점괘, 예언을 신뢰하는 편이었다. 제우스는 갑자기 뒤돌아서서 호메로스의 어깨에 커다란 손을 턱 얹었다. 찌릿 하고 전기가 통하자 호메로스가 몸서리를 쳤다.

"어이, 호미 군. 지금 나한테 아주 좋은 생각이 떠올랐어. 자네의 출간 기념 사인회를 불멸 쇼핑센터에서 열도록 하지. 음식도 잔뜩 차려 놓고 큰 파티를 벌이는 거야. 말만 들어도 근사하지 않나?"

듣고 있던 아테나의 눈이 휘둥그레졌다.

'호미? 혹시 아빠가 저 애 이름을 모르는 거 아니야? 그럴 수도 있겠다. 아빠는 남의 이름 외우는 데 약하잖아. 그나저나 호미, 아니 호메로스의 표정을 보니 아빠의 제안에 실망한 것 같은데. 저 애는 여기서 행사를 열고 싶었나 봐. 하긴 쇼핑센터보다는 올림포스 학교가 훨씬 유명한 곳이니까.'

"물론 아주 멋진 생각이십니다."

호메로스는 제우스의 기분을 상하게 하지 않으려고 조심스럽게 말을 꺼냈다.

"그런데 올림포스 학교에서 행사를 여는 게 훨씬 더 그럴듯해 보이지 않을까요? 〈일리아드〉는 올림포스 학교에서 영웅학 수업을 듣는 학생들이 이끈 트로이 전쟁을 담고 있으니까요. 학생들한테도 도움이 될 거예요. 수업 시간에 제 책으로 공부할 수도 있고, 저한테 작가가 되는 법이나 글쓰기에 대한 질문을 던질 수도 있을 테니까요. 그렇게 된다면 저한테도 학생들한테도 아주 좋은 기회가 될 거예요. 어떻게 생각하세요?"

제우스가 매서운 눈빛으로 호메로스를 노려보았다. 근육이 불거진 팔에 파직 전기가 일었다.

'앗, 저건 아빠가 짜증 났다는 신호야! 그냥 아빠 말에 동의하는 게 좋을 텐데. 아니면 그 계획을 아빠가 직접 생각해 낸 걸로 유도하든지.'

다행히 호메로스는 바보가 아니었다.

"다시 생각해 보니 제우스 님의 의견이 정말 좋을 것 같아요!"

호메로스는 얼굴 한가득 웃음을 지으며 말을 이었다.

"불멸 쇼핑센터는 인간 세상과 올림포스 산의 중간에 자리하고 있잖아요. 올림포스 학교 다음으로 좋은 곳이죠. 아마 제우스 님께서는 사인회를 더욱 특별하게 만들 수 있는 방법을 많이 알고 계실 것 같은데. 저도 그렇거든요. 그러니……."

제우스는 호메로스의 말을 듣는 둥 마는 둥 하며 두 번째 쿠키의 포장을 벗었다. 제우스는 쿠키에 들어 있던 예언을 잠자코 읽다가 갑자기 큰 소리로 외쳤다.

"회전목마?"

제우스가 어리둥절한 표정으로 고개를 들어 주위 학생들을 휘휘 둘러보았다. 그 순간 제우스와 아테나의 눈이 마주쳤다.

"아, 이제 알겠어요!"

아테나가 얼른 머리를 굴리며 말했다.

"회전목마는 어른 아이 할 것 없이 모두가 좋아하잖아요. 호메로스의 출간 기념 행사 때 더 많은 사람들이 몰릴 수 있게 회전목마를 지어 주시려는 거죠?"

제우스의 눈이 반짝 빛났다.

"그렇지! 내가 이렇게 멋진 생각을 하고 있었단다! 그런데 좋은 생각이 하나 또 있어!"

제우스는 식당을 쓱 훑어보더니 학생들을 무작위로 가리키며 이름을 불렀다. 아테나와 친구들을 포함한 스무 명 정도가 호명되었다.

"너희는 다음 주 수업을 면제받는다. 내가 불멸 쇼핑센터에 회전목마를 지을 생각이니 너희는 회전목마의 장식을 맡도록 해라."

제우스의 말에 학생들이 웅성거렸다. 하지만 제우스는 아랑곳하지 않고 지시 사항을 계속 늘어놓았다.

"각자 좋아하는 동물을 골라서 아이들이 탈 수 있는 크기의 모형을 만들도록. 출간 행사를 위해 쇼핑센터에 온 사람들이 감탄해 마지않을 만큼 멋지게 꾸며 봐. 마법은 얼마든지 사용해도 좋다."

"동물 모형을 만들고 싶지 않으면요?"

호명되지도 않은 판도라가 소리쳐 물었다. 감히 아무도 나서려 하지 않을 때도 판도라는 언제나 아무렇지 않게 제우스에게 질문을 던졌다. 제우스도 판도라의 질문 공세에 익숙해져서 화를 내지 않았다.

"동물을 만들고 싶지 않으면 그냥 회전목마 자체에 장식을 하도록 해. 완성 기한은……."

제우스가 호메로스를 향해 눈썹을 추켜세우자, 호메로스가 냉큼 대답했다.

"제 책은 다음 주 토요일부터 판매될 거예요."

"그럼 토요일까지 회전목마를 완성하도록."

제우스의 창작 의욕이 갑작스레 끓어 넘치는 모양이었다.

"헤라가 이 계획을 들으면 아주 좋아할 거야. 불멸 쇼핑센터에 방문객이 늘어나면 웨딩숍 매출도 올라가겠지. 아, 어서 빨리 헤라에게 알려 주고 싶군! 당장 쇼핑센터에 가서 회전목마를 만들어야겠어. 자, 호미 군. 서둘러!"

제우스가 열의를 보이자 호메로스도 기쁜 표정으로 제우스를 따라 나섰다. 호명된 스무 명의 아이들은 곧바로 어떤 동물을 만들지 신이 나서 떠들었다.

"개는 내가 한다!"

하데스가 가장 먼저 외쳤다. 아레스가 반발하려 하자 하데스가 싱글거리며 덧붙였다.

"미안해, 친구. 하지만 이 동네에서 가장 크고 사나운 개를 꼽으라면 무조건 케르베로스잖아. 녀석처럼 무시무시하게 생긴 동물에 마음대로 올라탈 수 있다면 인간들이 정말 재미있어 할 거야!"

지하 세계의 신 하데스는 머리가 셋 달린 개 케르베로스를 애완동물이자 지하 세계의 수문장으로 키우고 있었다. 케르베로스는 사실 꽤 상냥한 편이지만, 덩치도 어마어마하고, 침을 줄줄 흘려 대는 사나운 모습 때문에 처음 보면 누구나 겁을 냈다.

'하데스 말이 맞아. 케르베로스 모형에 탈 수 있다면 아이들한테 스릴 만점일 거야.'

아레스는 잠시 하데스를 노려보다 결국 포기하고 다른 동물을 선택했다.

"그럼 난 부엉이로 할래."

이번에는 아테나가 부엉이처럼 눈을 동그랗게 뜨고 기가 막힌다는 듯 입을 떡 벌렸다.

"뭐?"

아테나가 부엉이를 좋아한다는 건 모두가 아는 사실이었다. 부엉이는 지혜의 상징이라서, 아테나는 온갖 부엉이 모양 물건을 모았다.

'지금 내 귀에 걸려 있는 부엉이 모양 귀걸이 안 보여? 난 심지어 변신할 때도 부엉이로 변한다고!'

그렇다고 아레스의 선택을 대놓고 못마땅해 할 수도 없었다. 아테나만 부엉이를 선택할 수 있다는 법이 있는 것도 아닐 뿐더러 보아하니 아레스도 부엉이를 꽤 좋아하는 모양이었다.

다른 아이들도 서둘러 자신이 가장 좋아하는 동물을 외쳤다. 디오니소스는 표범을 골랐고, 헤파이스토스는 당나귀, 아폴론은 까마귀를 골랐다.

"난 백조로 할래."

아프로디테가 말했다. 아프로디테는 하늘을 날 수 있는 마법 백조 수레를 실제로 가지고 있으니 그야말로 제격이었다. 한편 아르테미스는 황금 뿔 달린 사슴이 끄는 전차를 가지고 있어서 사슴을 골랐다. 바다의 신 포세이돈은 돌고래를, 목신 판은 양을 만들기로 했다.

이리스는 마땅히 떠오르는 동물이 없는지 자신의 상징인 무지개를 이용해서 회전목마를 장식하겠다고 나섰다. 그러자 페르세포네가 말했다.

"그럼 난 회전목마 꼭대기부터 바닥까지 꽃과 나뭇잎 무늬를 새겨 넣을게. 아, 그리고 점박이 고양이 모양도 장식으로 쓸 작정이야."

페르세포네와 아프로디테는 아도니스라는 이름의 새끼 고양이를 함께 키우고 있었다. 그래서인지 좋아하는 동물 이야기가 나오자 곧바로 아도니스를 떠올린 모양이었다.

식당 한쪽에 있던 헤라클레스가 사자를 외치는 소리가 들리자, 아테나는 혼자 빙그레 웃었다.

'헤라클레스다워.'

헤라클레스는 사람들을 해치는 식인 사자를 때려잡은 기념으로 그 가죽을 망토처럼 입고 다녔다.

머리에 머리카락 대신 뱀이 자라 있는 메두사는 너무도 당연히 커다란 비단뱀을 골랐다. 메두사는 인간이라 마법을 쓰지 못했지만 다른 불멸의 존재의 도움을 받아서 모형에 마법의 힘을 부여할 작정이었다.

한편 아테나 곁에 서 있던 페르세포네와 아프로디테, 아르테미스가 걱정스러운 눈으로 아테나를 바라보았다. 아르테미스가 먼저 말을 꺼냈다.

"난 아레스가 다른 동물로 바꿔야 한다고 생각해. 네가 부엉이를 가장 좋아하는 건 모두가 아는 사실이잖아. 그런데도 부엉이를 고르다니 너무해."

아프로디테도 거들고 나섰다.

"내가 아레스한테 말해 볼까? 아레스는 독수리도 좋아하거든. 내가 잘 말하면 아레스도 마음을 돌릴 거야."

"아니야, 난 괜찮아."

아프로디테는 아레스와 사귀는 사이니까 설득할 수도 있을 테지만, 아테나는 쩨쩨하게 굴고 싶지 않았다.

"그럼 뭘 고를 거야?"

페르세포네가 질문을 던진 순간, 아테나는 갑자기 어떤 생각이 떠올랐다. 그러고는 자기도 모르게 그 말을 중얼거렸다.

"물론 말이지."

아프로디테가 기뻐하며 손뼉을 짝 쳤다.

"아테나, 트로이 목마를 만들 거야? 정말 근사한 생각이야! 호메로스의 새 책 주제와도 아주 잘 어울리잖아."

사실 아테나가 거기까지 생각한 것은 아니었다. 하지만 아프로디테의 말을 듣고 보니 일리가 있었고, 그 덕에 한층 열의가 끓어올랐다. 올림포스 학교에 전학 올 때 가지고 온 나무 인형 우디를 모델로 해서 목마 모형을 만들면 정말 예쁠 것 같았다.

"아, 잠깐만!"

아테나가 갑자기 쟁반에서 예언 쪽지를 집어 들더니, 쪽지의 내용을 다시 읽었다.

"물론 말이지."

아테나는 눈을 휘둥그레 뜨고 친구들을 바라보았다.

"지금 막 내 예언이 현실로 이루어졌어!"

4 영웅학 게임

 다음 날 아침 1교시, 아테나는 영웅학 교실에 자리를 잡고 앉았다. 건너편에 앉은 메두사가 기다렸다는 듯 짓궂은 미소를 날렸다.
 "영웅학 게임 말판을 확인해 보는 게 좋을걸. 트로이에서 북쪽으로 향하던 네 영웅이 물자를 구하려고 키코네스 섬을 습격했어."
 "오, 이런! 오디세우스는 10년 동안 전쟁을 치렀잖아. 조금이라도 빨리 고향으로 돌아가려다 보니 그런 바보 같은 짓을 저질렀나 봐."
 아테나는 곧장 교실 가운데 놓인 말판으로 가서 자신의 영웅을 확인했다. 게임 말판 끝에 자리한 에게 해에 오디세우스의 배 열두 척이 떠 있었다.

영웅학 게임 말판은 탁구대 두개를 붙여 놓은 크기만큼 컸다. 말판 위의 입체 지도에는 각양각색의 나라가 펼쳐져 있고, 나라마다 성이며 마을, 길, 산등성이가 점점이 흩어져 있었다. 땅을 둘러싼 바다에는 작은 바다 괴물과 인어, 비늘 덮인 용들이 가득한데 이들은 실제로 살아 움직였다.

한편 말판 곳곳에는 8센티미터 크기의 영웅 조각상 열두어 개가 게임용 말로 놓여 있었다. 각 영웅들은 어떤 목표를 이루기 위해 끊임없이 움직이는 동시에 서로의 능력을 뛰어넘기 위해 경쟁했다. 영웅을 담당한 학생은 자신의 영웅을 얼마나 잘 이끌고 지도하느냐로 평가를 받았다.

문제는 모든 올림포스 학교 학생이 그러하듯이 아테나도 수업을 네 과목이나 더 듣고 숙제도 해야 한다는 점이었다. 게다가 아테나는 특별 활동으로 가디스 걸스 응원단도 하고 있었다. 그러니 밤낮으로 영웅만 돌보고 있을 겨를이 없었다. 이 때문에 오디세우스는 아테나가 보고 있지 않을 때면 종종 말썽을 일으켰다.

'내 임무는 오디세우스가 말썽에 휘말리지 않게 하는 건데 말

이야!'

오디세우스는 올해 초 아테나의 트로이 목마를 이용하여 트로이 전쟁에서 승리한 뒤, 군사를 이끌고 고향 그리스 이타카로 돌아가는 중이었다.

'이번 일은 나 때문에 일어난 거야.'

아테나는 씁쓸한 기분으로 마음을 다잡았다.

'어제 오디세우스 일행이 떠나기 전에 여행에 필요한 음식과 밧줄, 도구, 돛천을 마련해 줬어야 했는데. 그랬다면 오디세우스 일행이 키코네스 섬을 습격할 필요도 없었을 거야.'

쿵!

아테나가 오디세우스의 위치를 살피고 있는데 갑자기 무언가 땅에 내리꽂히며 물을 팍 뿌렸다.

"어머, 이게 뭐야?"

아테나가 돌아보니 포세이돈이 삼지창을 짚고 서 있었다. 삼지창에서는 물이 줄줄 흘러내려 포세이돈의 발밑에 웅덩이를 이루었다. 이어 포세이돈은 삼지창을 다시 들어 올려 뾰족한 창끝으로 말판 가장자리를 통 쳤다. 말판 위의 에게 해에 갑자기 거친 파도가 일었다.

"어이쿠, 이런!"

말은 그렇게 해도 포세이돈은 전혀 미안한 표정이 아니었다. 말썽을 일으키기로 작정하고 일부러 저지른 짓이 분명했다.

오디세우스의 배가 걷잡을 수 없이 흔들리고, 파도가 갑판을 사정없이 덮쳤다. 바다의 신 포세이돈은 삼지창을 슬쩍 휘두르는 것만으로 바닷물을 요동치게 만들 수 있었다.

"그만둬!"

아테나는 서둘러 포세이돈을 말렸다. 말판 위의 영웅에게 벌어진 일은 인간 세상의 살아 있는 영웅한테도 똑같이 일어났다. 그러니 지금 무시무시한 폭풍이 오디세우스의 배를 덮치고 있을 터였다. 하지만 포세이돈은 전혀 물러날 기색 없이 빙글빙글 웃기만 했다.

아테나는 하는 수 없이 두 팔로 열두 척의 배를 감싸 멀리 남서쪽 지중해로 옮겼다. 포세이돈은 그런 아테나의 모습을 보고 빈정댔다.

"우아, 손에 땀을 쥐게 하는 구출 작전이었어."

아테나는 한숨이 절로 나왔다.

'도대체 포세이돈이 왜 저러는 걸까? 수업 때마다 싸우고 싶지 않은데.'

"이봐, 포세이돈. 지난번 과제에서 내가 A 플러스를 받았다고 네가 짜증 나 있는 거 알거든? 그런데 내가 A 플러스를 받았다고 네가 못 받게 되는 건 아니잖아? 키클롭스 선생님이 딱 한 명한테만 최고 점수를 주는 것도 아니고 말이야. 우리 둘이 함께 힘을 합치면 둘 다 A 플러스를 받을 수 있을 거야!"

"흥!"

포세이돈이 툴툴거렸다.

"절대 그럴 일은 없을 거야. 전쟁이 끝난 뒤부터 난 네 영웅이 이타카로 돌아가지 못하게 하는 걸 새로운 과제로 삼았거든! 그러니 승자는 너나 나 둘 중에 한 명밖에 될 수 없어. 이번에는 내가 널 반드시 이기고 말 거야."

이어 포세이돈은 삼지창을 어깨에 휙 걸치더니 여봐란 듯이 느긋하게 자리로 돌아갔다.

"포세이돈이 떠들고 다니는 소리 나도 들었어."

어느새 아프로디테가 아테나의 곁에 와 있었다. 아프로디테는 목소리를 낮추어 이야기를 계속 했다.

"그런데 네 성적 때문에 그러는 것만도 아닌가 봐. 네가 발명 축제 때 올리브로 포세이돈의 물놀이 공원을 이겼잖아. 그때 사람들이 도시 이름을 포세이돈빌이라고 붙이려다가 아테네로 바꾼 뒤부터 마음에 앙금이 남았나 봐."

"나도 알아. 포세이돈은 경쟁심이 너무 지나쳐."

아테나는 말판에 기대서서 오디세우스의 상황을 살폈다. 아무래도 오디세우스와 그의 부하들이 휴식을 취하며 배가 얼마나 부서졌는지 확인할 수 있는 곳이 필요할 듯했다. 아테나는 오디세우스 일행의 배를 아프리카 북쪽으로 옮겨 '연(蓮)을 먹는 사람들'이 사는 섬으로 보냈다.

"아테나, 아무래도 포세이돈이 계속 우리를 못살게 굴 것 같아."

아프로디테가 염려스러운 눈치를 보이자 아테나가 고개를 끄덕였다.

"내가 보기에도 그래."

아테나와 아프로디테는 트로이 전쟁 동안 서로 반대편에 서서 겨루었지만 이제 같은 편이었다. 전쟁이 끝나면서 아프로디테의 영웅 파리스와 헬레네의 사랑도 종지부를 찍자, 사랑의 여신 아프로디테는 오디세우스의 부인 페넬로페를 도왔다. 지금 페넬로페는 온갖 문제를 가득 떠안은 채 남편을 기다리며 힘들게 지내고 있었다.

'일단 무사히 돌아가야 문제를 해결하든지 말든지 할 거 아냐. 그런데 오디세우스가 성공하지 못하게 막으려고 포세이돈이 단단히 벼르고 있는 것 같아. 오디세우스가 고향에서 멀어지면 멀어질수록 포세이돈이 날 이길 확률도 높아지겠지.'

"그런 옷은 어디서 구하니? 오늘의 패션 주제는 누더기야?"

옆에서 난데없이 메두사가 말을 걸었다.

'응? 무슨 소리를 하는 거지?'

아테나가 돌아보니 메두사와 아폴론을 비롯한 몇몇 학생이 말판 주위에 다가와 있었다. 다음 순간 아테나는 입이 떡 벌어졌다.

'어머나!'

그간 아테나는 말판에 온 신경을 집중하느라 아프로디테의 옷차림을 눈여겨보지 않았다. 그런데 이제 보니 메두사가 아프로디테의 차림새를 걸고넘어진 것도 무리가 아니었다. 오늘 아프로디테는 형광 주황, 보라, 검정색 꽃이 큼직큼직하게 그려진 키톤을 입고, 빨간 샌들을 신고, 초록색 허리띠를 두르고, 갈색 귀걸이를 하고 있었다. 원래 아프로디테는 분홍색을 좋아하는데 오늘은 분홍색이라고는 눈을 씻고 봐도 찾을 수 없었다.

'메두사 말이 맞아. 색깔이 하나도 어울리지 않잖아.'

아프로디테가 혼란스러운 얼굴로 메두사와 아테나를 번갈아 쳐다보며 물었다.

"왜 그래? 뭐가 잘못됐니?"

메두사가 팔짱을 턱 끼며 대꾸했다.

"아무래도 네 패션 감각이 무감각 수준으로 떨어진 것 같아. 그게 잘못됐어."

아테나는 수상쩍어 하는 메두사를 보며 생각했다.

'설마 아프로디테가 자기를 놀리려고 일부러 저렇게 입은 건 아닐까 걱정하는 건가? 하여간 메두사는 다른 아이들이 이상한 행동을 보이면 무조건 자기하고 관련이 있을 거라 생각한다니까.'

사실 아프로디테의 옷이 어찌나 요란한지, 보고 있던 아테나도 눈이 아플 지경이었다. 하지만 아테나는 메두사에게 상냥하게 말했다.

"그냥 색다른 스타일을 시도해 보는 걸 거야. 그게 잘못된 건 아니잖아."

"응? 너희들 무슨 얘기하는 거니?"

드디어 아프로디테가 자신의 옷차림을 내려다보며 헉하고 비명을 질렀다.

"오, 신이시여! 내가 무슨 생각을 한 거지?"

아프로디테는 파란 두 눈을 동그랗게 뜨고 아테나를 바라보았다.

"쿠키의 예언 때문이야! '당신은 패션 감각이 없어요.'라고 했잖아! 기억나지? 어젯밤에 그 예언이 자꾸 떠올라서 늦게 잠들었거든. 아침에 잠이 모자라서 멍한 상태로 옷을 골랐더니 이렇게 백만 년에 한 번 입을까 말까 한 차림이 되어 버렸어."

그러자 메두사가 대꾸했다.

"보아하니 그 예언이 제대로 들어맞은 것 같네."

아테나는 인상을 찌푸리며 생각에 잠겼다.

"내 예언도 어제 이루어졌는데."

곁에 서 있던 아폴론이 아프로디테의 요란한 차림을 미심쩍은 눈으로 바라보았다. 심지어 남자인 아폴론이 봐도 아프로디테의 옷차림이 이상해 보이는 모양이었다.

"그 쿠키 말이야, 뭔가 이상해. 어제 수업 마치고 활쏘기 연습을 했거든. 아르테미스가 몇 번이나 과녁을 놓쳤게?"

"설마…… 다섯 번이야?"

아테나가 묻자 아폴론이 고개를 끄덕거렸다.

"정답! 예언대로 정확히 다섯 번 빗나갔어. 그다음부터는 계속 명중했고."

그러자 메두사가 말했다.

"사실 나도 어제 오라클 쿠키를 집었거든. 그런데 아직 열어 보지 않고 가방에 넣어 뒀어."

메두사가 문제의 쿠키를 가져오더니 반으로 쪼개 안에 든 예언 쪽지를 꺼내 읽었다. 잠시 후 메두사는 눈을 빙글 굴리며 아테나에게 예언 쪽지를 넘겼다. 그러고는 쿠키를 부숴서 작은 조각으로 나누었다.

아테나가 메두사를 대신해서 큰 소리로 예언을 읽었다.

"당신을 깔깔거리게 만든 자는 아무도 아니다."

아테나, 아프로디테, 아폴론은 대체 이게 무슨 소리인가 싶어 메두사를 쳐다보았다. 메두사는 태연하게 쿠키 조각을 머리 위로 던지고 있었다.

찹! 찹!

메두사의 열두 마리 뱀은 쿠키를 한 조각이라도 놓칠 세라 빠르게 움직이며 먹이를 덥석덥석 받아먹었다.

이어 메두사가 손에 묻은 과자 부스러기를 탁탁 털며 말했다.

"무슨 말도 안 되는 소리야. 난 절대로 깔깔거리지 않는걸."

아테나는 속으로 대꾸했다.

'꼭 그렇진 않을걸!'

아테나가 쿠키의 예언에 대해 좀 더 이야기하려는 찰나, 누가 아테나의 어깨를 툭 쳤다. 어느새 포세이돈과 키클롭스 선생님이 옆에 와 있었다.

"키클롭스 선생님, 제 말 이해하시겠죠?"

포세이돈이 말판을 가리키며 말했다.

"아테나의 영웅이 부하를 이끌고 지금 막 키클롭스 섬에 도착해서 선생님 동생의 동굴로 숨어들어 갔어요. 음식을 훔치려는 게 틀림없어요."

아테나가 말판으로 고개를 휙 돌린 순간, 오디세우스의 부하들이 동굴 속으로 모습을 감추었다.

'오, 신이시여! 포세이돈이 말한 대로네.'

아테나가 오라클 쿠키의 예언에 정신이 팔려있는 사이 포세이돈은 말판 위의 움직임을 주시했던 모양이었다.

'어휴, 잠시도 눈을 뗄 수가 없다니까!'

오디세우스는 한시바삐 부인 페넬로페와 아들 텔레마코스의 곁으로 돌아가겠다는 일념 때문에 아테나의 도움을 기다리지 않고, 자꾸 실수를 저지르고 있었다.

키클롭스 선생님이 외눈을 깜박이며 아테나를 바라보았다.

"아테나, 이건 곤란하다."

선생님 목소리에서 탐탁지 않아 하는 기색이 묻어났다.

"알아요. 제 잘못이에요. 충분한 음식을 주지도 않은 채 오디세우스의 배를 한 번에 너무 멀리까지 보냈어요. 오디세우스 일행도 남에게 해를 끼치려는 의도는 아니었을 거예요. 그저 배가 고파서 그런 것뿐이에요!"

"목도 마르고요."

아프로디테가 거들자, 포세이돈이 팔짱을 턱 끼며 대꾸했다.
"그래도 도둑질은 하면 안 되지."
포세이돈의 말이 옳았다. 게다가 서로 성적 경쟁을 하는 상황에 선생님의 동생한테서 음식을 훔치는 건 더더욱 곤란했다!
아테나가 오디세우스를 대신해서 사과하려는 순간, 반짝이는 마법 바람이 교실 안으로 휘잉 불어 들어왔다. 마법 바람은 짜증스러운 목소리로 외쳤다.
"키클롭스 선생님께 온 편지요!"
키클롭스 선생님이 손을 들었다.
"여기 있소!"
마법 바람은 장난을 치듯 교실 안을 맴돌며 학생들의 머리를 헝클고, 책상 위의 두루마리 교과서를 날렸다. 그러더니 키클롭스 선생님 앞에 우뚝 멈춰 서서 편지 내용을 전했다.

도둑질하러 온 놈들을 붙잡았어.
참 맛나게 생긴 놈들이었어.
그런데 문제가 생겼어.
아무도 아니라는 놈이
집을 홀라당 털어 가 버렸거든.

형, 도와줘!

동생 폴리페모스 키클롭스로부터

아테나는 기겁했다.

'키클롭스 선생님의 동생이 오디세우스와 부하들을 잘근잘근 씹어 먹을 작정인가 봐!'

편지 내용을 듣던 메두사가 갑자기 깔깔깔 하고 웃음을 터뜨렸다. 키클롭스 선생님이 노려보자 메두사는 얼른 두 손으로 입을 틀어막았다. 방법만 있다면 자신의 웃음소리를 다시 거둬들이고 싶은 표정이었다. 아테나는 메두사가 왜 웃었는지 이해할 수 있었다.

'마법 바람이 너무 얼토당토않은 소리를 하잖아! 아무도 아닌 놈이 도둑질을 했다니, 대체 무슨 뜻일까?'

이내 아테나는 퍼뜩 떠오르는 생각이 있었다.

'잠깐! 메두사가 깔깔거렸어! 예언대로 아무도 아닌 자 때문에 웃었잖아.'

한편 키클롭스 선생님의 표정도 영 묘했다. 키클롭스 선생님은 호주머니에 손을 넣더니 작은 파피루스 조각을 꺼냈다. 또 다른 예언 쪽지였다. 키클롭스 선생님도 어제 바구니에서 오라클 쿠키를 고른 모양이었다.

"아무도 아니라니, 나 원 참."

키클롭스 선생님의 외눈이 아테나를 향했다.

"대체 내 동생이 무슨 소리를 하는 거냐? 그 애의 집을 턴 건 네 영웅이잖아. 그러면 아무도 아닌 놈은 대체 누구야?"

아테나는 마른침을 꼴깍 삼켰다. 상황이 영 곤란하게 돌아가고 있었다.

"저도 정확한 건 모르겠어요. 하지만……."

"이 문제는 나중에 따로 이야기하도록 하자."

키클롭스 선생님이 아테나의 말을 자르고 서둘러 교실 문으로 향했다.

"여러분, 미안한데 급한 일이 생겨서 나가봐야 할 것 같구나. 나가는 길에 교장 선생님께 사정을 말씀드리고 임시 교사를 보내 주십사 부탁드릴 거야. 그때까지 다들 얌전하게 자습하고 있도록!"

키클롭스 선생님이 떠나자 당황한 학생들은 서로 멀뚱멀뚱 쳐다보기만 했다. 아테나는 만족스러운 듯 씩 웃는 포세이돈의 모습을 애써 모른 척했다.

'지금은 상황이 나보다 포세이돈한테 유리하게 돌아가고 있어!'

키클롭스 선생님의 경고에도 불구하고, 몇몇 아이들은 곧장 소란을 피웠다. 여자아이들은 수다를 떨고, 포세이돈을 포함한 남자아이들은 책상을 이어 붙여 손가락 축구 놀이를 벌였다. 메두사는 자기 자리로 돌아가 좋아하는 만화를 그렸다. 하지만 나머지 학생들은 잠잠히 과제를 했다. 아프로디테는 게임 말판을 반 바퀴 돌아서 이타카 쪽으로 갔다. 오디세우스의 아내 페넬로페가 어떻게 지내는지 확인하기 위해서였다.

한편 아테나는 키클롭스 선생님의 동생이 사는 동굴을 주의 깊게 살펴보았다. 어떻게 해서든 오디세우스 일행을 구해야 했다! 그런데 동굴 입구에 눈을 대고 들여다보아도 안이 너무 어두워서 아무것도 보이지 않았다. 입구가 좁아 손을 넣어 영웅 조각상을 꺼낼 수도 없었다. 아테나는 하는 수 없이 귀를 동굴에 갖다 댔다. 그러자 뭔가 희미한 소리가 들렸다.

"음메에에에에."

'양이 우는 소리인가? 흐음. 아! 그러면 되겠구나.'

아테나는 동굴 입구에 입을 갖다 대고 오디세우스에게 탈출 방법을 속삭였다.

'이제 내 생각이 들어맞길 기도하면서 가만히 결과를 기다리는 수밖에 없어.'

잠시 후 제우스가 호메로스와 함께 교실 문을 열고 들어왔다. 게다가 호메로스가 〈십대들의 두루마리〉 잡지 화가까지 데리고 온 모양이었다. 화가는 목에 기자증을 걸고 있었다.

제우스가 우렁찬 목소리로 말을 꺼냈다.

"여러분! 남은 시간은 내가 임시 교사를 맡을 작정이다."

제우스는 박수를 기다리기라도 하듯 얼굴에 웃음꽃을 피우며 두 팔을 활짝 펼쳤다. 학생들은 교장 선생님을 존경하기도 했지만, 한편으로는 제우스의 기분을 거스를까 봐 고분고분 박수를 쳤다. 제우스는 키가 2미터가 넘는데다, 온몸에는 근육이 울퉁불퉁 불거져 있고, 상대의 마음을 꿰뚫어보는 푸른 눈동자로 보는 이를 절로 주눅 들게 했다. 제우스의 두 손목에는 황금 팔찌가, 허리에는 번개 모양 허리띠 장식이 번쩍번쩍 빛을 발했다. 아테나는 가끔 제우스가 자신의 아버지라는 사실이 경이로웠다.

학생들이 웃으며 박수를 치자 화가가 대뜸 스케치북을 꺼냈다. 그러자 제우스가 두 눈을 반짝하고 옆으로 돌아서더니, 근육질 몸매를 자랑하는 자세를 취했다.

화가가 스케치를 하는 사이, 호메로스는 영웅학 게임 말판을 꼼꼼히 살펴보고 학생들에게 눈길을 돌렸다.

"바로 여기에서 모든 역사가 시작된 거로군!"

호메로스가 흥분한 목소리로 말했다.

"그리고 너희가 트로이 전쟁을 이끈 올림포스의 신들이고 말이야! 내 책 〈일리아드〉가 바로 그 내용을 담고 있거든. 이렇게 만나게 되다니 정말 신나는걸!"

아테나는 호메로스를 다시 만나게 되어 기뻤다. 어쨌거나 호메로스는 조만간 책을 낼 작가이고, 아테나는 삶의 목적이 글 읽기라고 할 정도로 독서광이니 어쩌면 당연한 반응이었다. 아테나는 시, 두루마리 교과서, 심지어 암브로시아 시리얼 상자 뒤의 광고까지 인쇄된 글자는 무조건 읽었다.

'정식으로 출간된 두루마리 책에 나와 친구들이 주인공으로 나온다니! 어서 다음 주가 오면 좋겠어. 비록 트로이 목마 이야기가 빠졌지만 빨리 한 권 구입해서 작가한테 직접 사인을 받고 싶단 말이야.'

아테나가 보기에 아폴론도 호메로스에게 감탄하고 있는 듯했다. 그도 그럴 것이 아폴론은 예언의 신일 뿐 아니라 시의 신이기도 해서 아테나만큼이나 책을 좋아했다.

"그럼 지금은 뭘 쓰고 있어? 〈일리아드〉 다음에 내려는 책은 어떤 내용이야?"

아폴론의 질문에 호메로스의 표정이 어두워졌다. 호메로스는 들릴락 말락 한 목소리로 "나도 알고 싶어."라고 중얼거렸다.

화가가 스케치를 끝내자 제우스는 말판 앞으로 다가와 지도를 찬찬히 살폈다. 호메로스가 그 모습을 보더니 갑자기 뭔가 떠오른 듯 다급히 화가를 불렀다.

"빨리 그림 한 장 그려 주세요. 제우스 님을 배경에 넣고, 내가 학생들에게 영웅 조각상을 이리저리 옮기라고 지시하는 모습으로요. 이왕이면 내 책이 트로이 전쟁을 일으킨 것처럼 보이게 그려 줘요!"

"전쟁은 끝났어."

스톤 글라스를 쓴 메두사가 호메로스를 바라보며 말했다. 메두사의 눈길을 직접 마주했더라면 호메로스와 화가는 그 자리에서 돌이 되어 버렸을 것이다.

호메로스가 메두사의 머리에서 꿈틀대는 뱀을 보고 뒤로 주춤 물러났다.

"나도 알아. 난 그저 〈십대들의 두루마리〉 잡지 기사를 위해 재연해 보자는 것뿐이었어. 광고 효과가 좋을 거란 말이야. 내

홍보 담당자인 도로스 씨가 기사에 극적인 그림을 더하면 나랑 내 책이 돋보이게 될 거라고 했어."

도로스란 이름을 듣자 메두사와 열두 마리 뱀의 눈초리가 매서워졌다. 호메로스의 홍보를 맡고 있는 도로스 씨는 무엇이든 팔아 치우는 데 선수여서 '영웅 만들기!'란 가게도 따로 가지고 있었다. 얼마 전 메두사는 도로스 씨에게 속아 초상권 계약을 맺었고, 그 때문에 '영웅 만들기!'에서 파는 방패에 무시무시한 괴물로 그려지는 사태를 겪었다.

"어라, 무슨 일이 벌어지는 거지?"

포세이돈이 갑자기 끼어들어 말판을 확인했다. 때마침 폴리페모스의 동굴에서 양 떼가 줄지어 나오고 있었다. 도대체 아테나의 영웅은 어디에 있는지 모두 의아해하는 참에 누군가 소리쳤다.

"저길 봐! 오디세우스와 부하들이 양의 배 밑에 숨어서 몰래 도망치고 있어. 진짜 영리한데!"

아테나는 속으로 쾌재를 불렀다.

'좋았어! 오디세우스가 내 지시를 잘 따랐구나.'

아테나는 오디세우스에게 폴리페모스의 양 떼가 들판에 풀을 뜯으러 나올 때 양의 배 밑에 몸을 묶고 도망치라고 알려 줬었다. 그런데 불행히도 폴리페모스가 곧장 오디세우스를 뒤쫓았다. 게다가 엎친 데 덮친 격으로 오디세우스가 폴리페모스의 양을 훔치려 하는 게 아닌가?

'아이참! 내가 언제 그렇게 하라고 했어?'

이내 오디세우스가 부하들과 배를 타고 떠나며 폴리페모스에게 소리쳤다.

"내 말 잊지 마시오! 내 이름은 '아무도 아니'요!"

그러자 폴리페모스는 이를 바드득 갈더니 다른 거인들에게 소리쳤다.

"아무도 아니야! 내 음식을 슬쩍하고, 이제 내 양까지 훔쳐 달아나는 놈은 아무도 아니라고!"

하지만 다른 거인들은 껄껄 웃기만 했다. 음식과 양을 훔친 자가 아무도 아니라는데 대체 뭐가 문제인지 이해하지 못했기 때문이다. 덕분에 오디세우스 일행은 무사히 섬에서 도망칠 수 있었다.

상황을 지켜보고 있던 제우스가 재미있는 농담이라며 배를 잡고 웃었다. 아테나도 빙그레 웃음이 났다.

'이번 판은 나랑 오디세우스가 포세이돈을 이긴 것 같네. 자기 이름을 아무도 아니라고 밝히다니, 오디세우스도 대단한걸!

정말 자랑스러워. 폴리페모스가 아무도 아니라고 외치면 친구들이 엉뚱한 소리라며 무시할 거라고 계산한 거지. 오디세우스의 꾀가 통한 거야! 그런 영리함 덕분에 내 영웅이 '영웅'이라 불리는 거지!'

이 상황을 눈여겨보던 호메로스가 아테나를 존경의 눈빛으로 쳐다보며 말했다.

"기발한 탈출 방법이었어! 네가 생각해 낸 거야?"

아테나가 고개를 끄덕이자, 느닷없이 화가가 제우스, 호메로스, 아테나를 향해 외쳤다.

"이거 특종이로군! 거기 세 분, 가만히 서 계세요!"

화가의 말에 제우스는 곧장 웃음을 멈추고 몸매를 자랑하는 자세를 취했다.

"여기에서 벌어진 일을 알고 싶어서 인간 세상이 난리가 날 겁니다."

화가는 열심히 스케치를 하며 말했다.

"모두들 게임 말판이 실제로 어떻게 생겼는지 그리고 어떤 식으로 작동하는지 궁금해하거든요."

화가가 그림을 완성하자 호메로스가 기쁜 얼굴로 아테나를 바라보았다.

"지금 막 끝내주는 아이디어가 떠올랐어. 이제부터 난 널 따라다니면서 오디세우스가 고향 이타카로 돌아가는 모험 이야기를 쓸 거야!"

제우스가 '누구 맘대로?'라는 표정으로 눈썹을 추켜세우자 호메로스는 얼른 말을 덧붙였다.

"물론 제우스 님의 허락을 받고 말이야."

"멋진 생각이야!"

이번에는 화가가 흥분해서 고함을 질렀다.

"작가 사인회를 홍보하는 데도 엄청난 도움이 될 걸세. 아! 호메로스, 다음 책 제목은 뭔가?"

화가는 깃털 펜을 든 채 호메로스의 대답을 기다렸다.

"그건 내가 알지!"

호메로스가 입을 떼기도 전에 제우스가 먼저 나섰다.

"〈모험 왕 제우스〉 어떤가? 부제는 '신들의 제왕이자 하늘을 다스리는 자가 알려 주는 위기 대처법'이라고 하면 되겠군. 아니면 〈제우스와 오디세이의 놀라운 모험〉이라고 하든가. 아니면 그냥 오디세이와……, 오디세이와……, 흐음……."

제우스가 뭐라고 말을 맺을지 고민에 잠기자, 모두 어이없다는 듯한 표정으로 제우스를 말똥말똥 쳐다봤다. 아테나가 소리

없이 한숨을 쉬며 속으로 중얼거렸다.

'아빠, 내 영웅의 이름은 오디세이가 아니라 오디세우스거든요? 게다가 오디세우스와 모험을 함께하지도 않았는데 제목에 아빠 이름이 들어가면 독자들이 오해할 수도 있다고요.'

아테나는 얼른 머리를 굴렸다. 생각해 보니 제우스의 실수를 오히려 역으로 이용하면 될 것 같았다.

"〈오디세이아〉요? 아빠, 정말 대단하세요! 제 영웅의 이름을 비틀어서 '긴 여행' 또는 '오랜 모험'이라는 뜻을 가진 새로운 낱말을 만들어 내신 거죠? 게다가 호메로스에게 다음 작품 제목을 〈오디세이아〉라고 지으면 어떻겠냐고 제안까지 하신 거고요?"

아테나는 다른 학생들을 향해 의미심장한 눈빛을 날리며 물었다.

"얘들아, 〈오디세이아〉란 제목 말이야. 아주 근사하지 않니?"

아테나가 껄끄러운 상황을 재치있게 넘어가려고 애쓰는 걸 알아차렸는지 아이들 모두 웃으며 고개를 끄덕였다. 심지어 몇 명은 환호성까지 질렀다.

"하지만……."

호메로스가 눈치 없이 말을 꺼내자 아테나는 고개를 살짝 가로저으며 경고를 보냈다.

'아빠가 말한 제목보다는 이게 낫지 않겠어?'

다행히 호메로스가 아테나의 신호를 이해한 듯했다.

"음, 예. 귀에 쏙 들어오는 제목이네요."

제우스가 입이 귀에 걸리도록 헤벌쭉 웃더니 호메로스의 등을 철썩 쳤다.

"호미, 고맙구나!"

"아윽!"

제우스의 손에서 전기가 찌르르 흐르는 통에 호메로스가 비명을 질렀다. 하지만 화가가 둘의 모습을 그리기 시작하자 호메로스는 대번에 이를 하얗게 드러내며 억지웃음을 지었다.

디리링!

때마침 리라 종이 울리며 1교시가 끝났음을 알렸다. 아테나는 걱정에 가득 찬 눈으로 오디세우스를 바라보았다.

'내일 수업 전까지 또 어떤 말썽을 일으킬지 알 수가 있어야지. 그렇다고 하루 종일 영웅 뒷바라지만 하고 있을 순 없잖아. 난 다른 과목 수업도 들어야 한다고!'

아테나는 아폴론, 아프로디테와 함께 교실 문을 나섰다.

"난 이 끔찍한 옷부터 갈아입어야겠어. 애들아, 이따 보자!"

아프로디테는 친구들에게 손을 흔들어 인사하고 4층 여학생 기숙사로 쌩 달려갔다.

아테나가 아폴론과 함께 사물함에 도착하자, 마침 복도 반대편에서 페르세포네와 아르테미스가 다가왔다. 네 아이는 우르르 모여서 이야기꽃을 피웠다. 아테나는 치맛자락을 탁탁 털다가 호주머니에 뭔가 들어 있는 걸 느꼈다. 손을 넣어 꺼내 보니 메두사의 예언 쪽지였다.

'이런, 아까 오디세우스를 돕느라 급하게 호주머니에 쑤셔 넣었더니 깜박하고 돌려주지 못했네.'

아테나는 문득 이상한 느낌이 들어 인상을 찌푸리며 예언을 다시 읽어 보았다.

'전에는 이런 내용이 아니었던 것 같은데.'

"얘들아, 여기 메두사의 예언 좀 봐. 아까는 '당신을 깔깔거리게 만든 자는 아무도 아니다.'라고 쓰여 있었잖아. 그런데 지금은 '누군가 당신을 깔깔거리게 만든다.'라고 바뀌었어."

"정말?"

세 친구가 가까이 다가와 예언 쪽지를 읽었다.

"애초에 메두사가 잘못 읽은 게 아닐까?"

아르테미스가 추측하자 아테나가 고개를 가로저었다.

"그럴 리 없어."

듣고 있던 페르세포네도 조심스레 말을 꺼냈다.

"있잖아, 솔직히 난 예언에 신경 쓰지 않기로 했어."

그러자 예언의 신이기도 한 아폴론이 싱글거리며 장난치듯 대꾸했다.

"어, 지금 그 말에 너무 상처 받지 않도록 노력할게."

페르세포네도 방긋 웃으며 받아쳤다.

"물론 네 예언은 믿지! 내 말은 오라클 쿠키 안에 들어 있던 예언 말이야. 내가 받은 예언은 정말 하나마나한 소리였거든. 어쨌든 그 예언 때문에 일진이 영 사나웠어."

페르세포네가 가방에서 예언 쪽지를 꺼내더니 친구들에게 읽어 주었다.

"당신의 초록 엄지는 갈색으로 변하지 않을 거예요."

"어? 잠깐 이리 줘 봐."

아테나는 예언 쪽지를 건네받아 직접 확인해 보았다. 페르세포네가 읽은 그대로였다.

"이상하네. '당신의 초록 엄지는 갈색으로 변할 거예요.'라고 쓰여 있지 않았나?"

페르세포네가 고개를 갸웃하며 대답했다.

"나도 처음에는 그렇게 생각했어. 실제로 맞은 면도 있고. 오늘 아침 수업 시작 전에 불쌍한 백일홍 몇 포기를 실수로 죽이고 말았거든."

아테나는 속으로 중얼거렸다.

'일이 점점 이상하게 되어 가네!'

이번에는 아르테미스가 말을 꺼냈다.

"나도 오라클 쿠키의 예언을 믿지 않아. 내가 모든 과녁을 맞힐 거라고 예언했는데 틀리던걸 뭐. 어제 난생 처음으로 과녁이 다섯 번이나 빗나갔다니까! 그 예언 때문에 이렇게 된 거 같아."

아폴론이 어리둥절한 눈으로 아르테미스를 바라보았다.

"무슨 소리야? 과녁을 빗맞힐 거라고 쓰여 있었어. 내가 직접 봤는걸."

"어, 정말?"

아르테미스가 화살집을 뒤적이더니 찢어진 두루마리 교과서를 끄집어냈다. 그러고는 화살 몇 대, 개 목걸이, 부러진 깃털펜을 줄줄이 꺼내고서야 꼬깃꼬깃해진 예언 쪽지를 찾아냈다. 아르테미스는 아폴론에게 쪽지를 건넸다. 아테나도 아폴론의 어깨 너머로 예언 내용을 읽어 보았다.

"오, 신이시여! 세상에! 아르테미스가 말한 대로잖아! 모든 과녁을 맞힐 거라고 쓰여 있어! 잠깐, 내 예언과 아프로디테의 예언도 가방 안에 있을 거야."

아테나는 서둘러 가방에서 두 개의 예언 쪽지를 꺼냈다. 예언을 다시 살펴본 아테나가 어리벙벙한 얼굴로 쪽지를 내밀자 아폴론이 큰 소리로 읽었다.

"당신은 대단한 패션 감각을 가졌어요."

페르세포네가 기다렸다는 듯이 맞받아쳤다.

"거봐. 내가 뭐랬어? 하나마나한 소리잖아. 아프로디테의 패션 감각이 대단하다는 건 모두가 아는 사실이야."

"그럼 네 건 뭐라고 되어 있어?"

아르테미스가 아테나에게 물었다.

"물론 부엉이지."

페르세포네, 아르테미스, 아폴론은 말없이 아테나를 빤히 쳐다보았다. 아테나는 몸에 소름이 쫙 돋았다.

'대체 무슨 일이 벌어지는 거지?'

페르세포네가 생각에 잠긴 채 천천히 입을 열었다.

"처음에 네가 '물론 말이지.'라고 쓰여 있다고 착각해서 잘못 읽은 거 아닐까?"

"그래, 그런 것 같아."

아테나는 저도 모르게 고개를 끄덕이고 말았다. 어째서인지 갑자기 그게 사실인 것처럼 느껴졌다.

"오라클 쿠키의 예언이 모두 틀렸잖아. 희한하네. 보통 꽤 잘 맞는 편인데."

"너희들 예언 쪽지 뒷면에 그림 말고 또 뭐가 있는지 봤어?"

아폴론이 메두사의 쪽지를 들더니 아래쪽에 휘갈겨져 있는 글씨를 가리켰다.

"여기 '카산드라'라는 이름 보여? 그리고 또 여기에 오라클 오제과점의 로고가 인쇄되어 있어."

아르테미스가 되물었다.

"어, 거기 불멸 쇼핑센터에 있는 가게 아냐?"

아테나가 결심에 찬 얼굴로 친구들을 바라보았다.

"얘들아, 같이 가자. 카산드라라는 사람이 누구인지, 왜 우리한테 이런 말도 안 되는 예언을 보냈는지 알아봐야겠어!"

5 오라클 오 제과점

토요일 아침, 카산드라는 가게 일을 돕기 위해 아래층으로 내려가다가 무언가를 보고 깜짝 놀랐다.

'헉! 어젯밤까지만 해도 분명히 없었는데!'

가게 문 너머에 있는 쇼핑센터 안뜰 한가운데에 난데없는 회전목마가 떡 하니 서 있었다. 높이가 6미터, 바닥이 3단으로 된 대형 놀이 기구라서 눈에 확 띄었다. 그런데 아직 미완성 상태인지 페인트칠도 되어 있지 않고, 아무런 장식도, 사람들이 탈 수 있는 동물이나 전차 모형도 달려 있지 않았다.

헬레노스가 자기 눈을 믿지 못하겠다는 듯이 고개를 절레절레 흔들며 중얼거렸다.

"우아, 이런 일이 일어날 거라는 환상은 보지 못했는데."

카산드라는 아무 대꾸도 하지 않고 잠자코 서 있었다.

'난 봤어. 제우스 신의 머릿속에 회전목마에 대한 생각을 심은 사람이 바로 나인걸. 헬레노스는 이 일에 대해 아무것도 몰라. 하긴 예언을 쓸 때만 해도 호메로스와 회전목마가 어떻게 연결될지 안드로마케도 나도 전혀 몰랐지. 사람들이 헬레노스의 예언 실력을 나보다 더 높게 평가하는 게 솔직히 짜증 나긴 해. 하지만 그게 헬레노스 탓은 아니잖아. 못되게 굴지 말자.'

카산드라는 땀직땀직 말을 꺼냈다.

"글쎄, 최고의 예언자라 해도 모든 미래를 볼 순 없잖아. 미래의 어떤 부분을 보게 될지 알 수 있는 것도 아니고."

헬레노스가 명랑하게 맞장단을 쳤다.

"지당하신 말씀이야."

진열대 뒤에서 손님 맞을 준비를 하던 라오디케도 가게 문 앞으로 가더니 목을 쭉 빼고 바깥을 살폈다.

"얘들아, 저길 봐! 엄마가 제우스 님이랑 같이 서 있어!"

라오디케는 신이 나서 발을 동동 굴렀다. 신들의 제왕이자 하늘을 다스리는 자가 불멸 쇼핑센터에 나타나다니 예삿일이 아니었다.

카산드라는 창문으로 가서 회전목마 주위에 모여든 인파를 살펴보았다.

"제우스 님이 왜 우리 엄마랑 같이 있는 거지?"

그러자 헬레노스가 대답 대신 혼잣말을 중얼거렸다.

"저 파란 뾰족 머리는 또 누구야? 누구길래 우리 엄마랑 제우스 님이랑 함께 이야기를 나누는 거지?"

이어 헬레노스는 한층 더 흥미로운 사실을 발견했다.

"우아! 누나! 저길 봐. 전쟁의 신 아레스야! 끝내준다."

미처 말릴 틈도 없이 헬레노스가 아레스에게 말을 걸어보겠다며 밖으로 뛰쳐나갔다.

"우아!"

이번에는 라오디케가 탄성을 터뜨렸다.

"저기 포세이돈도 있네! 어머, 진짜 잘생겼다! 헤라클레스와 판도 있어! 다들 〈십대들의 두루마리〉 잡지에 나온 그림보다 훨씬 멋있잖아."

라오디케는 후다닥 진열대 뒤로 가서 손거울을 꺼내 들었다. 잠시 매무새를 가다듬나 싶더니 라오디케는 이내 밖으로 쌩 달려가 버렸다.

카산드라도 도대체 무슨 일이 벌어지고 있는 건지 알고 싶었다. 카산드라가 밖으로 나선 순간, 라오디케가 외쳤다.

"우아! 카산드라, 저기 좀 봐! 올림포스 학교에서 가장 유명한 네 여신도 왔어!"

카산드라는 너무 놀라서 몸이 그대로 얼어붙었다. 카산드라의 눈에도 네 여신이 보였다. 아테나, 아프로디테, 페르세포네, 아르테미스는 어디서나 눈에 띄었고, 다른 멋진 불멸의 존재 속에서도 단연 돋보였다.

카산드라는 제우스의 결혼식 때 너무 바빠서 네 여신 중 누구한테도 말을 걸지 못했다. 언젠가 꼭 아테나와 아프로디테에게 자신이 얼마나 화가 났는지 또박또박 일러 주고 싶었는데, 막상 기회가 생기니 덜컥 겁이 났다.

'지금은 맞설 준비가 안 되었단 말이야!'

카산드라의 심장이 세차게 뛰었다.

'저 애들은 아직 날 못 봤을 거야!'

카산드라는 얼른 가게로 뛰어 들어가 가장 가까운 진열대 뒤에 몸을 숨겼다. 그러고는 마음을 가라앉히려 애쓰며 회전목마에 모여든 무리를 주의 깊게 살펴보았다. 불멸 쇼핑센터에서는 심심찮게 올림포스 학교 학생을 발견할 수 있었지만, 한꺼번에 이렇게 많이 모여 있는 건 처음 보는 일이었다.

카산드라가 지켜보는 사이 페르세포네가 한 소년에게 다가가 말을 걸었다. 그런데 카산드라가 몸을 숨긴 자리에서는 소년의 얼굴이 보이지 않았다.

'아마 하데스인가 봐. 소문에 둘이 사귄다던데.'

그 순간, 갑자기 아테나가 카산드라네 가게 쪽으로 고개를 휙 돌렸다. 가게 창문에 그려져 있는 오라클 오 제과점 로고가 눈에 들어온 모양이었다. 이내 아테나는 양옆에 서 있던 아프로디테와 아르테미스를 팔꿈치로 쿡 찌르더니 가게 쪽을 가리켰다. 세 여신은 카산드라네 가게를 한번 쳐다보고 다시 제우스 쪽을 쳐다보았다. 그러더니 얼마 동안은 제우스가 자신들을 찾지 않을 거라 생각했는지 이내 가게 쪽으로 걸음을 놓았다. 카산드라는 순간 심장이 멎을 것만 같았다.

"으악!"

카산드라는 세 여신에게 들키지 않으려고 바싹 엎드린 채 문으로 슬금슬금 도망쳤다. 안드로마케와 함께 불멸의 존재에 대해 이러쿵저러쿵 불만을 토로한 것과 그들에게 말썽을 불러일으키는 예언을 직접 보낸 것과는 차원이 다른 문제였다. 그런 일을 벌이고서 여신들과 얼굴을 마주하려니 창피하기도 하고 겁도 났다.

'예언을 보낸 자가 나라는 걸 알아차린 건가? 화가 많이 났을까? 나한테 앙갚음하려고 온 걸까? 제우스 님한테 날 이르기라도 할까? 제우스 님이라면 번개 한 방으로 쇼핑센터 전체를 날려 버릴 수도 있을 텐데.'

카산드라의 불안한 마음을 아는지 모르는지 야속하게도 가게 문에 달린 종이 딸랑딸랑 울렸다. 카산드라는 얼른 계산대 밑으로 뛰어들어 두 팔로 무릎을 감싼 채 바싹 옹크리고 앉았다.

'아무도 맞으러 나오지 않으면 그냥 포기하고 갈지도 몰라.'

카산드라는 귀를 쫑긋 세운 채 여신들이 가게로 들어오며 나누는 대화 소리를 엿들었다.

"하아아아. 빵 냄새 정말 좋다!"

여신 중 하나가 말하자, 다른 누군가 대답했다.

"내가 만약 제과점에서 일했다면 맨날 이것저것 집어먹다가 몸집이 학교 건물만 해졌을지도 몰라."

이어 세 번째 목소리가 들렸다.

"내 사냥개들이 여기 왔다면 좋아서 난리법석을 피웠을 거야."

카산드라는 목소리의 주인공이 누구인지 바로 알아차렸다.

'아하, 아르테미스구나. 아르테미스가 자신의 사냥개를 아낀

다는 건 어린아이도 다 아는 사실인걸.'

"아무도 안 계세요?"

셋 중 한 명이 큰 소리로 외치자마자, 종이 다시 딸랑딸랑 울리며 누군가 가게 안으로 들어섰다.

"어서 오세요!"

이번에는 익숙한 목소리가 들렸다. 하나는 높고, 하나는 낮았다.

'라오디케 언니와 헬레노스구나! 여신들이 우리 가게로 가는 걸 보고 뒤따라 왔나 봐.'

여신 중 한 명이 대답했다.

"우린 예언자를 찾고 있어. 쿠키 안에 예언을 넣은 사람 말이야."

카산드라는 예언 능력만큼이나 뛰어난 직관력으로 목소리의 주인공이 아테나임을 눈치챘다.

"오라클 쿠키의 예언은 모두 내가 담당하는데."

헬레노스가 대답했다. 여신을 만나서 신이 났는지 목소리가 잔뜩 들떠 있었다.

"음, 우리는 사실 카산드라라는 사람을 찾고 있어. 카산드라한테서 이 예언을 전해 받았거든."

카산드라는 계산대 뒤에서 고개를 슬며시 들었다. 아테나가 파피루스 조각을 내밀고 있고, 헬레노스와 라오디케가 그걸 빤히 쳐다보고 있었다.

"이거 어디서 난 거야?"

헬레노스가 못마땅한 목소리로 되물었다. 헬레노스의 뿌루퉁한 태도에 라오디케는 얼른 말을 덧붙였다.

"올림포스 학교에는 말하는 특제 쿠키만 보내거든. 예언 쪽지가 든 건 인간 세상에서 팔리는 상품이고. 아마 잘못 배송된 것 같아."

"그럼 여기 카산드라라는 사람은 없어?"

금발 머리에 푸른 눈동자를 가진 아름다운 여신이 물었다. 아프로디테가 분명했다.

그때 라오디케가 계산대 뒤로 오다가 하마터면 카산드라에게 걸려 넘어질 뻔했다.

"너 여기서 뭐하는 거야?"

"쉿!"

카산드라가 조용히 하라는 신호를 보냈지만 이미 엎질러진 물이었다.

갑자기 긴 갈색 머리 여신이 계산대 너머로 고개를 빼꼼 들이

밀며 라오디케가 누구랑 말하고 있는지 확인했다.

'아테나구나!'

아테나는 총기 넘치는 눈으로 카산드라를 찬찬히 바라보았다. 그러고는 카산드라에게 인사를 건넸다.

"안녕."

"어, 안녕."

카산드라의 목소리가 갈라져 나왔다. 하지만 애써 태연한 표정을 지으며 자리에서 일어섰다.

"혹시 날 찾았어? 내가 카산드라야."

카산드라는 괜히 묻지도 않은 말을 덧붙였다.

"쿠키 상자를 찾느라 못 들었어."

카산드라는 거짓말이 아니라는 듯이 얼른 선반에서 아무 상자 하나를 집어 들고 계산대에 내려놓았다.

"네가 이걸 썼니?"

아테나가 예언 쪽지 세 장을 내밀었다. 모두 카산드라가 이틀 전 쿠키 안에 넣어 보낸 것들이었다.

'그때는 예언 쪽지를 보내는 게 좋은 생각 같았는데 이제는 잘 모르겠어. 그런데 아테나의 표정을 보니 화가 나서라기보다 정말 궁금해서 묻는 것 같아.'

카산드라는 천천히 고개를 끄덕이며 아테나가 들고 있는 쪽지를 흘깃 쳐다보았다. 다음 순간, 카산드라는 입을 앙다물었다.

'그럴 줄 알았어! 또 내 예언이 변해 버렸잖아. 이게 다 그 저주 때문이야!'

카산드라가 쓴 예언은 예언의 주인이 내용을 읽으면, 얼마 후 저절로 내용이 변해 버렸다. 본래의 예언은 짧으면 1분, 길어야 하루 정도 남아 있을 뿐이었다.

'다들 날 거짓말쟁이라고 생각해. 잘해 봤자 형편없는 예언자 취급이나 받는다고!'

카산드라도 헬레노스처럼 쿠키에 예언을 직접 불어넣어 봤지만, 사정은 달라지지 않았다. 쿠키가 열리고 예언이 전해지면, 하루가 지나지 않아 예언의 주인이 내용을 엉뚱하게 기억하고 있었다.

"혹시 우리 가게에서 만든 쿠키 때문에 곤란을 겪었다면 사과할게. 정말 미안해."

라오디케가 황급히 나섰다. 얼굴에 걱정하는 빛이 역력했다.

"부디 사과를 받아 줬으면 해."

그제야 카산드라는 자신의 행동이 가게에 나쁜 영향을 미칠 수 있다는 걸 깨달았다. 왜 그랬을까 하는 후회가 물밀듯 밀려왔다.

'안드로마케가 그랬잖아. 불멸의 존재는 인간을 곤란하게 만드는 재미로 산다고 말이야. 가게가 없어지면 우리 가족은 어떻게 살지? 불멸의 존재는 인간이 가진 보잘것없는 소유물을 깡그리 빼앗아 갈 힘을 가지고 있잖아. 원하는 건 뭐든 자기들 마음대로 할 수 있는걸!'

카산드라는 온몸에 핏기가 가시는 것 같았다.

"전부 다 나 혼자 저지른 일이야. 그러니 우리 가족을 힘들게 하지 말아 줘."

그러자 아프로디테가 가까이 다가서며 상냥하게 말했다.

"우린 화가 나서 이러는 게 아니야. 그저 너한테 네 예언이 틀렸다고 알려 주려고 온 거야."

분홍 키톤을 입은 아프로디테의 모습은 제우스와 헤라의 결혼식에서 보았을 때나 지금이나 변함없이 눈부셨다. 아니, 너무 눈부셔서 카산드라는 순간 할 말을 잊은 채 멍하니 서 있었다.

잠시 후 정신이 번쩍 든 카산드라는 언제 그랬냐는 듯 매섭게 따졌다.

"그럼 내 예언이 현실로 이루어지지 않았다는 거야? 잠시라도 패션 감각을 잃은 적이 없다는 거지?"

"어……, 하지만 네 예언은 그렇게 쓰여 있지 않았잖아."

카산드라가 아테나를 향해 고개를 휙 돌렸다.

"넌 '물론 말이지.'라고 말한 적 없고?"

"음……."

아테나가 대답하지 못하고 우물쭈물하자, 카산드라가 다시 물었다.

"그래서 지금 나한테 내 예언이 정확하지 않다는 거야? 완전히 틀렸다는 거냐고?"

세 여신은 혼란스러운 표정으로 카산드라를 빤히 쳐다보기만 했다. 카산드라는 여신들의 당황한 표정만으로도 답을 알 수 있었다.

'내 예언이 맞았어. 하지만 쪽지 내용이 바뀌는 바람에 저 애들은 예언이 틀렸다고 생각하게 된 거지. 트로이 목마 때랑 똑같아. 이게 다 그 녀석이 내린 저주 때문이야!'

카산드라가 아폴론의 얼굴을 떠올린 순간, 문에 달린 종이 딸랑딸랑 울렸다. 가게 안으로 아폴론이 들어서자 카산드라는 헉 하고 기겁했다. 카산드라는 아폴론을 노려보며 이를 바드득 갈았다.

'으으윽! 이게 다 아폴론 때문이라고!'

카산드라는 다시 여신들을 쳐다보며 날카롭게 쏘아붙였다.

"너희들 쿠키에 들어 있던 예언은 모두 현실로 이루어졌어. 운 좋게 들어맞은 것도 아니고, 아주 정확하게 이루어졌지."

말은 매섭게 했지만 카산드라는 아폴론이 내린 저주에 또다시 당했다는 데 낙담해 있었다.

'내 예언이 틀렸다는 명백한 증거를 저렇게 버젓이 들고 있는데 내 말을 믿어 줄 리가 없잖아!'

카산드라의 화가 당장 폭발할 것만 같았다.

'나도 참. 도대체 뭘 기대했던 걸까? 난 그저 트리플 A와 그 친구들한테 약간의 말썽을 일으키고 싶었어. 그리고 이렇게 바라던 바를 이루었지. 불행히도 그 결과가 나한테 안 좋게 돌아오긴 했지만 말이야!'

카산드라는 분을 다스리며 생각을 가다듬었다.

'사실 정말로 중요한 예언은 딱 하나, 바로 제우스 님에게 보낸 예언뿐이었어. 모두가 알다시피 제우스 님은 기분파라서 회전목마 예언을 당장 실행에 옮겼지. 안드로마케와 내가 소원하던 대로 말이야. 솔직히 제우스 님이 정말 불멸 쇼핑센터에 회전목마를 지을 줄은 몰랐어. 흠, 어쩐지 이 회전목마가 우리 복수 작전을 완벽하게 성공시켜 줄 열쇠가 될 것 같아!'

"엉터리 예언 건은 미안하게 됐어."

헬레노스가 아테나 일행에게 사과하더니 카산드라를 무섭게 노려보았다. 그러자 라오디케가 앞으로 나서며 여신들에게 밝은 목소리로 말했다.

"애들아, 가게 구경하지 않을래? 어떤 쿠키를 좋아하니? 골라 봐. 선물로 줄게."

아테나가 대답했다.

"어머, 고마워. 그럼 아빠한테 드릴 몇 개만 받을게. 여기 쿠키를 아주 좋아하시거든. 거의 중독 수준이셔."

카산드라는 스스로가 너무 애처로웠다. 그런데 성격 좋은 라오디케가 나서서 손님들의 관심을 다른 곳으로 돌려주니 반갑고도 고마웠다.

헬레노스가 아폴론에게 다가가 올림포스 학교나 활쏘기, 전쟁에 대한 온갖 질문들을 던지며 아폴론의 환심을 사려 했다. 그사이 카산드라는 계산대 뒤에서 주문 받은 쿠키를 챙기며 바삐 움직였다.

'아, 빨리 저 애들이 나갔으면 좋겠어.'

그런데 불멸의 존재들이 나누는 대화를 듣고 있자니, 안드로마케 말과 달리 그렇게 못된 것 같지는 않았다. 라오디케나 헬레노스한테 무례하게 구는 것도 아니었다. 아니, 오히려 아주 예의 바르게 대하고 있었다.

카산드라는 코코넛 암브로시아 쿠키를 한 움큼 집어 종이 가방에 담으려다가 멈칫했다.

'페퍼민트 향기가 나.'

카산드라는 얼른 종이 가방을 계산대에 내려놓았다. 그러고는 깃털 펜을 들고 파피루스에 부지런히 예언을 썼다. 예언을 쓰는 사이, 카산드라는 아폴론이 자꾸만 자신을 흘깃흘깃 쳐다보는 것을 느꼈다. 헬레노스가 아르테미스와 이야기를 나누자, 아폴론은 호기심이 가득한 얼굴로 카산드라에게 다가왔다.

"안녕! 혹시 우리 아는 사이야? 어쩐지 낯이 익어."

카산드라는 말없이 아폴론을 쳐다보다가 방금 쓴 예언 쪽지를 내밀었다. 조그마한 파피루스 조각에 '당신은 낯익은 누군가를 만날 거예요.'라는 예언이 쓰여 있었다.

아폴론은 놀라는 것 같기도 하고, 감탄하는 것 같기도 한 표정을 짓더니 카산드라를 더 자세히 쳐다보았다.

"오, 멋진데. 그런데 예언치고는 좀 평범하지 않아?"

"그러네."

카산드라는 예언 쪽지를 박박 구겨서 쓰레기통에 버렸다.

"그리고 제대로 맞혔어. 우린 만난 적이 있어. 그것도 두 번이나."

그 말을 들은 아폴론은 카산드라의 얼굴을 더욱 빤히 쳐다보았다. 그러고는 갑자기 눈을 동그랗게 떴다.

"아! 이제 기억난다. 교장 선생님 결혼식 때 나랑 짝이 되어 들러리를 섰지?"

아폴론의 말대로 그날 둘은 함께 들러리를 섰지만, 너무 바빠서 두 마디 이상 말을 나누지 못했다. 애당초 짝이 된 이유도 단순했다. 아폴론이 자기와 함께 들러리를 서고 싶은 여자아이들에게 이름을 쓴 쪽지를 그릇에 담으라고 했고, 거기서 카산드라의 이름을 뽑았을 뿐이었다.

카산드라는 가타부타 대답 없이 가만히 서 있었다.

'그때 말고 다른 날을 기억해 내란 말이야. 맨 처음 사원에서 만난 일은 까마득히 잊어버린 건가? 그럼 자기가 나한테 저주를 내린 것도 기억 못하는 걸까?'

아폴론이 고개를 갸웃갸웃하며 카산드라의 모습을 꼼꼼히 살폈다.

"그때는 머리카락이 구불구불했던 것 같은데?"

카산드라는 그게 별 대수냐는 듯 어깨를 들썩이며 대답했다.

"그때는 결혼식에 들러리를 서야 하니까 파마를 했던 거고, 이게 내 생머리야."

"지금이 더 잘 어울리는 것 같아."

막상 말을 꺼내고 보니 창피했는지 아폴론의 뺨이 발갛게 물들었다.

"어……, 고마워."

카산드라는 아폴론의 반응에 당황했다.

'나한테 이렇게 다정하게 대하지 마. 그럼 널 미워하기가 힘들어지잖아.'

아폴론이 다시 이것저것 질문을 던졌다.

"우리가 받은 예언을 쓴 사람이 너지? 내 예언 말이야. '당신은 저주를 되돌려야 해요.'가 대체 무슨 뜻이니?"

"정말 그렇게 쓰여 있었어?"

카산드라는 아폴론이 예언을 정확하게 기억하고 있어서 되레 놀랐다. 지금쯤이면 대부분 자신의 예언을 엉뚱하게 기억하고 있기 마련이었다.

아폴론은 고개를 끄덕이더니 갑자기 자세를 똑바로 고쳐 섰다. 아폴론의 얼굴에 낯선 표정이 어렸다.

"네 펜 좀 써도 될까?"

카산드라는 맘대로 하라는 듯 어깨를 들썩였다. 그러자 아폴론은 깃털 펜과 파피루스 종이를 가져다 무언가를 쓰기 시작했다. 카산드라는 애써 모른 척하려 했지만 밤하늘처럼 까만 아폴론의 눈동자와 날렵한 턱 선이 자꾸만 눈에 들어왔다.

아폴론이 기록을 마치자, 기다렸다는 듯이 헤카베가 가게 안으로 들어왔다. 헤카베는 싱글벙글 좋아서 어쩔 줄 몰랐다.

"애들아, 엄청난 소식이 있단다! 제우스 님이 우리 가게에서 멋진 행사를 열 수 있도록 도와주시겠대. 맛난 음식에, 시원한 음료수에, 회전목마까지! 정말 근사하지 않니? 그리고 무엇보다 호메로스가 〈일리아드〉 출간 기념으로 독자들에게 직접 사인을 해 줄 거란다!"

카산드라는 속으로 탄성을 터뜨렸다.

'아하, 호메로스의 책 제목이 〈일리아드〉였구나. 책 제목까지는 환상에 나오지 않아서 몰랐어.'

그때 아폴론이 방금 쓴 종이를 카산드라에게 내밀었다.

카산드라는 말없이 메모를 읽었다.

'당신의 어머니가 엄청난 소식을 가져올 거예요.'

카산드라는 한쪽 눈썹을 추켜세우며 아폴론의 말을 되풀이했다.

"예언치고는 좀 평범하지 않아?"

아폴론이 푸핫 하고 너털웃음을 터뜨렸다. 카산드라는 저도 모르게 아폴론을 따라서 까르르 웃다가 문득 아테나와 눈이 마주쳤다. 한결 기분이 좋아진 카산드라는 아테나를 손짓해 부르고서 코코넛 암브로시아 쿠키 가방을 건넸다.

"어머, 고마워! 아마 아빠는 이 쿠키를 받자마자 번개처럼 해치워 버리실 거야."

번개가 제우스의 상징이자 아끼는 무기라는 점을 이용해서 아테나가 말장난을 치자 카산드라는 빙그레 웃음이 났다.

'언젠가 기회가 오면 불멸의 존재한테, 특히 트리플 A한테 아주 무례하게 굴어 볼 작정이었는데. 막상 이렇게 만나 보니 조금 놀랐지 뭐야. 신이니까 인간한테 함부로 굴 수 있는데도 우리 가족을 자신들과 동등하게 대해 주잖아. 게다가 유머 감각도 좋고, 상냥해. 가까이 보니까 경외심이 절로 들어.'

그럼에도 불구하고 카산드라 입장에서는 도저히 용서할 수 없는 일들이 있었다. 여신들과 헬레노스, 라오디케 남매의 이야기가 길어지자 카산드라는 아폴론을 똑바로 쳐다보며 물었다.

"다른 만남은 전혀 기억나지 않아?"

아폴론이 멍한 표정으로 바라보자 카산드라는 은근히 부아가 치밀었다.

'아무리 어린 나이였다 해도 저주를 걸어서 내 삶을 망가뜨려 놓고 어떻게 기억을 못할 수가 있어?'

카산드라가 둘이 처음 만났던 날의 이야기를 꺼내려는 찰나, 가게 문의 종이 다시 딸랑딸랑 울렸다. 이윽고 안드로마케가 가게 안으로 들어왔다. 안드로마케는 카산드라를 향해 방긋 웃어 보이고서 무시무시한 눈초리로 불멸의 존재들을 차례차례 노려보았다. 카산드라는 그런 안드로마케의 모습에서 눈에 띄는 한 가지를 발견했다.

'어? 불멸의 존재들이 등을 돌리고 있을 때만 노려보잖아?'

카산드라는 문득 자신이 아폴론에게 내밀었던 예언을 내려다보았다. 예상은 하고 있었지만, 예언은 고작 10분 만에 '당신은 낯선 누군가를 만날 거예요.'라고 바뀌어 있었다. 카산드라는 분하고 서러워서 눈물이 날 것만 같았다.

"난 이제 일해야 해."

카산드라는 예언 종이를 박박 구기며 퉁명스럽게 한마디 던졌다. 그러고는 이내 사무실로 휙 들어가 버렸다.

안드로마케가 서둘러 카산드라를 따라왔다.

"카산드라, 속상하지?"

안드로마케는 측은한 눈으로 카산드라를 바라보았다.

"가족들한테 싫은 소리 듣지 않으려고 저 못된 신들한테 상냥하게 대해야만 하다니, 당연히 속상하고말고. 정말 짜증 날 거야."

안드로마케는 카산드라를 안고서 등을 토닥여 주었다.

카산드라는 기분이 묘했다. 안드로마케의 기대에 응하려면 카산드라도 맞장단을 치며 불멸의 존재를 욕해야 했다. 그런데 그들을 향해, 특히 아폴론에 대해 오랫동안 키워 온 분노가 무색할 정도로 지금은 분노의 힘이 모아지지 않았다.

'실제로 만나 보니 그렇게 나빠 보이지 않던걸. 모든 게 너무 혼란스러워.'

가게 문에 달린 종이 딸랑거리는 소리가 들려오자, 안드로마케가 그쪽을 내다보며 말했다.

"잘됐다. 이제 다 갔어. 불멸의 존재들은 자신들이 잘났으니까 뭐든지 해도 된다고 생각하지. 맨날 인간 세상을 어지럽히기만 하면서 말이야. 콧대만 높은 말썽꾸러기들 주제에."

이어 안드로마케는 궁금증이 가득한 눈을 번득이며 물었다.

"그나저나 여긴 뭐 하러 왔대? 공짜로 쿠키 얻어가려고 온 거야?"

안드로마케가 서슴없이 불멸의 존재에 대한 악감정을 뿜어내자 카산드라는 움찔했다.

'지금껏 나도 저런 식으로 말한 걸까?'

카산드라는 머뭇머뭇 대답했다.

"그런 거 아니야. 어떻게 보면 내가 초대한 셈이지."

카산드라는 안드로마케를 쳐다볼 자신이 없어 사무실 책상에 털썩 주저앉았다. 그러고는 괜히 깃털 펜만 만지작거렸다.

안드로마케가 어이없다는 듯이 입을 떡 벌렸다.

"왜 그런 짓을 했어? 저 애들은 네 적이야, 적! 우리가 트로이를 떠나 이곳에 오게 된 게 다 저 애들 때문이라고!"

트로이에서 평안히 살던 시절, 안드로마케는 카산드라의 큰오빠인 헥토르와 사랑하는 사이였다. 카산드라가 보기에 안드로마케가 그토록 불멸의 존재를 미워하는 이유도 다 그 때문이었다.

'트로이 전쟁만 아니었으면 헥토르 오빠랑 여전히 잘 지내고 있을 거라며 아쉬워하는 것 같아.'

안드로마케는 계속해서 카산드라를 나무랐다.

"저 못된 신들이 이 가게를 침략하게 두는 건 트로이 목마가 성문을 통과하게 두는 거나 마찬가지야."

트로이 목마 이야기가 나오자 카산드라는 몸이 뻣뻣하게 굳는 것 같았다.

'안드로마케 말이 맞아. 트리플 A는 나뿐만 아니라 우리 가족, 나아가 모든 트로이 사람들을 엄청난 고난 속으로 몰아넣었어. 아, 내가 그런 몹쓸 애들이랑 즐겁게 어울리다니! 대체 무슨 생각을 했던 걸까?'

카산드라는 상황을 해명하려 나섰다.

"정말로 초대한 건 아니야. 그 애들이 우리 복수 작전 때문에 왔다는 말을 하려던 것뿐이야."

그러자 안드로마케가 팔짱을 턱 끼며 물었다.

"그럼 애들한테 우리한테 한 짓을 해명하라고 요구했어? 아폴론은 저주를 걸어서 미안하다고 하든? 아테나는 트로이 목마에 대해서 사과했어? 아프로디테는? 파리스와 헬레네를 사랑에 빠지게 만들어서 잘못했다고 하더냐고?"

"아니, 그런 얘기는 나오지도 않았어."

그때 카산드라가 어디선가 풍겨 오는 레몬 향을 맡았다. 레몬 향을 동반한 환상은 아주 드물게 나타나는데, 대체로 불행한 일에 관한 것들이었다. 그러나 예언의 주인이 예언의 내용을 알지 못하면 현실로 이루어지지 않는 특징이 있었다.

카산드라는 가장 가까운 곳에 있는 파피루스를 본능적으로 집어 들었다. 진열대에 상품 이름을 붙일 때 쓰는, 노란 물방울 무늬가 가득한 종이였다.

카산드라가 레몬 향 예언을 모두 받아쓰자, 안드로마케가 와서 들여다보았다.

아테나의 목마는 저절로 부서질 것이다.

아프로디테는 우스꽝스러운 화장으로 창피를 당할 것이다.

아폴론은 혼란 속에 말을 잃은 채 서 있을 것이다.

"어머! 이거 재미있는데."

안드로마케가 탄성을 터뜨렸다.

"카산드라, 어서 좀 더 써 봐."

카산드라는 트리플 A를 직접 만난 후에 이런 꺼림칙한 예언을 하려니 기분이 영 찜찜했다.

'음, 어쩔 수 없지 뭐. 환상이 나타나는 걸 막을 수 있는 것도 아니잖아. 어차피 그 애들은 이 예언에 대해 모를 테니까 해를 입을 일도 없고. 게다가 안드로마케가 웃으니까 나도 좋은걸.'

카산드라는 레몬 향을 맡으며 다시 펜을 들었다.

6 회전목마

"번개 모양 초콜릿 견과 쿠키 열 개! 호두 가루 추가!"

월요일 아침, 오라클 오 제과점 안에 우렁우렁한 목소리가 울려 퍼졌다. 신들의 제왕이자 하늘을 지배하는 제우스가 오늘만 벌써 두 번째 주문을 넣고 있었다.

'우아, 아테나의 말이 농담이 아니었네. 진짜 쿠키 중독이라고 해도 과언이 아니야.'

부엌에서 일하던 카산드라가 계산대 쪽을 슬그머니 쳐다보았다. 카산드라가 서 있는 위치는 계산대에 서 있는 헬레노스와 라오디케를 넘어 매장 안까지 훤히 잘 보였다.

"말하는 쿠키로 드릴까요? 쪽지가 든 쿠키로 드릴까요?

헬레노스가 물었다. 헬레노스의 목소리에서는 존경심과 두려움이 한꺼번에 묻어났다.

"당연히 말하는 쿠키지."

제우스가 성가시다는 티를 내자, 라오디케가 남동생에게 눈총을 주며 얼른 앞으로 나섰다.

"바로 준비하겠습니다."

카산드라는 그 광경을 잠자코 지켜보며 생각했다.

'헬레노스가 엄청 긴장했나 봐. 그렇지 않으면 뭐하러 제우스 님한테 그걸 물어보겠어? 불멸의 존재는 언제나 특제 쿠키만 먹는데. 지난주에 내가 보냈던 쿠키만 예외였지.'

제우스가 쿠키를 사는 모습을 신기하게 쳐다보는 이는 카산드라만이 아니었다. 제과점과 서점을 연결하는 공사가 마무리되자, 일꾼들은 뒷정리를 하면서 계속 진기한 손님을 힐끔힐끔 쳐다봤다. 가게 창문에도 신들의 제왕을 보려는 구경꾼들이 우르르 몰려서 있었다. 제우스는 너무 바빠서 쇼핑센터에 잘 나타나지 않았기 때문에, 인간이든 불멸의 존재든 가릴 것 없이 모두 호기심 어린 눈으로 제우스를 바라보았다.

카산드라는 서둘러 초콜릿 견과 쿠키 반죽을 더 만들었다.

'제우스 님이 번개 모양 쿠키를 샀다는 소문이 퍼지면 너도

나도 같은 쿠키를 먹어 보려 할 거야.'

카산드라는 쿠키 반죽을 치대며 라오디케가 번개 모양 오라클 쿠키를 하얀 상자에 담는 모습을 지켜보았다. 물론 그 쿠키에는 카산드라의 예언이 아닌 헬레노스의 예언이 담겨 있었다.

잠시 후 라오디케가 손을 바르르 떨며 제우스에게 쿠키를 건넸다. 아마도 제우스의 팔에 흐르는 전기에 감전될까 봐 겁이 나는 듯했다. 그러거나 말거나 제우스는 어린아이처럼 얼굴을 환히 빛내며 상자를 덥석 받아 곧장 쿠키 한 개를 우적우적 씹어 먹었다. 제우스가 문을 나서는 순간 오라클 쿠키가 외쳤다.

"당신의 성격은 번개 같네요."

카산드라는 어이가 없어서 눈을 빙글빙글 굴렸다.

'어휴, 저게 무슨 예언이야. 저건 그냥 제우스의 비위를 맞추기 위해 하는 소리지. 하지만 헬레노스에게 그렇게 해 달라고 부탁한 엄마 마음도 이해할 수 있어. 제우스 님이 가게에 방문할 때나, 특히 곧 있을 작가 사인회 때 아무 문제없이 모든 일이 원활하게 돌아가길 바라서 그런 거니까.'

그날 아침, 인간 세상에 사는 왕족과 영웅, 불멸의 존재들에게는 사인회의 자세한 내용이 담긴 초청장이 발송되었다. 〈주간 그리스 신문〉에도 이번 주 토요일에 오라클 오 제과 서점에서 행사가 있다는 광고가 크게 실렸다. 유명 인사인 호메로스와 제우스를 직접 만나 볼 수 있으니 아주 즐거운 시간이 될 게 분명했다.

지금도 헤카베는 불멸 쇼핑센터 안뜰에서 소문의 여신 파마와 〈십대들의 두루마리〉 잡지 화가를 만나고 있었다.

파마는 자신이 글을 쓰는 '이 주의 소문'란에 '놓치면 당신만 손해!'라는 제목으로 작가 사인회에 대한 기사를 싣겠다고 약속했다. 〈십대들의 두루마리〉 잡지 화가는 며칠 전에 쿠키를 받고 새 간판을 그려 주었는데, 오늘 아침 헤카베의 부탁을 받고 간판에 선전 문구를 추가로 써 넣었다. 이제 '오라클 오 제과 서점'이라는 이름 아래에 '신들의 제왕도 즐겨 찾는 최고의 맛!'이라는 문장이 더해져 손님들의 구미를 더욱 자극하고 있었다.

한편 제과점 건너편에 있는 안뜰은 큰 인파가 몰려들면서 수선스럽기 짝이 없었다. 쇼핑센터 내 부설학교가 가게 주인들과 그 가족들이 큰 행사를 무사히 준비할 수 있도록 이번 주 휴교

하기로 결정했기 때문이었다. 덕분에 시간적 여유가 생긴 아이들이 올림포스 학교 학생들의 마법을 구경하려고 떼를 지어 다니는 통에 안뜰 전체가 북적거렸다.

올림포스 학교 아이들은 회전목마를 만들기 위해 아침 일찍부터 쇼핑센터를 찾았고, 여러 가게에서 회전목마를 만드는 데 필요한 온갖 물품을 잔뜩 샀다. 덕분에 쇼핑센터 내 모든 가게가 호황을 누리고 있었다.

올림포스 학교 아이들은 사람이 올라탈 수 있는 커다란 동물 형상을 만드는 중이었다. 소문에 따르면 작가 사인회가 끝나도 회전목마는 쇼핑센터의 명물로 남게 될 거라고 했다.

카산드라도 안뜰로 나가 구경하고 싶은 마음이 간절했지만 가게 일 때문에 꼼짝할 수가 없었다. 쇼핑센터 방문객이 엄청나게 늘면서 쿠키 또한 불티나게 팔렸다. 게다가 제우스가 즐겨 찾는다는 소문까지 퍼지자 손님이 물밀듯 몰려들었다. 가게 문에 달린 종이 쉴 새 없이 딸랑였다. 이런 상황이 계속 된다면 서점을 운영하기 위해 아무래도 직원을 새로 더 구해야 할 것 같았다.

안뜰에 있던 헤카베가 카산드라와 눈이 마주치자 이리 와 보라고 손짓했다.

"쿠키가 타지 않도록 잘 지켜봐. 알았지?"

카산드라는 라오디케와 헬레노스에게 단단히 부탁하고서 엄마한테 갔다.

"카산드라, 쿠키를 가지고 와서 회전목마를 만들고 있는 올림포스 학생들에게 나눠 주렴. 불멸의 존재가 쿠키를 맛있게 먹는 모습을 보면 홍보 효과가 끝내줄 거야."

좋은 생각인 건 분명하지만, 카산드라는 불멸의 존재에게 가까이 가는 것이 영 불편했다.

"글쎄요, 엄마. 라오디케 언니랑 헬레노스 둘이서 가게 일을 감당할 수 있을지 모르겠어요."

"쿠키 굽는 일은 내가 도와줄게."

카산드라가 돌아보니 안드로마케가 어느새 곁에 와 있었다.

"오, 안드로마케! 정말 고맙구나."

헤카베가 안드로마케를 꼭 끌어안자 안드로마케의 얼굴이 환해졌다. 안드로마케는 부모님이 출장을 자주 다니는 바람에 삼촌 집에 와서 살고 있었다. 그런데 숙모는 아이가 넷이나 있는데다 가게 일에 매여 있어서 안드로마케에게 신경을 많이 써 주지 못했다.

'나랑 엄마 말고는 안드로마케를 따뜻하게 안아 주는 사람이

별로 없나 봐.'

카산드라는 기뻐하는 안드로마케의 모습을 보며 오히려 안쓰러운 마음이 들었다.

"안드로마케, 넌 빵 만드는 데 아주 소질이 있어."

헤카베의 말에 안드로마케는 입이 귀에 걸리도록 헤벌쭉 웃었다.

"오늘 하루 종일 도와드릴 수 있어요."

카산드라는 안드로마케와 함께 가게로 들어가며 물었다.

"정말 우리 가게 일을 도와줘도 괜찮은 거야? 이번 주에는 수업이 없으니까 오후만이라도 느긋하게 지내는 게 낫지 않아?"

"전혀. 아주머니께서 큰 행사를 앞두고 불멸의 존재들의 기분을 맞춰주느라 저렇게 노심초사하고 계신걸. 게다가 쿠키를 나눠 주다가 복수 작전에 도움되는 정보를 들을 수도 있잖아."

카산드라는 안드로마케를 말리고 싶었다. 그러나 말을 꺼내 볼 틈도 없이 안드로마케가 다시 이야기를 이었다.

"내가 너희 빵 굽는 걸 얼마나 좋아하는지 너도 알잖아. 이번 주는 학교가 쉬니까 사촌들이 삼촌 일을 도울 거야. 그러니 난 자유의 몸이지."

카산드라는 천천히 고개를 끄덕였다. 안드로마케는 마술 가게를 구경하는 것보다 부엌에서 요리하는 걸 훨씬 좋아했다.

'내가 책 읽기를 즐긴다면 안드로마케는 빵 굽기를 즐긴달까?'

가게 부엌에 들어서던 카산드라가 코를 킁킁거렸다.

"오, 이런! 뭔가 타는 냄새가 나잖아!"

카산드라와 안드로마케는 재빨리 오븐으로 달려갔다. 다행히 쿠키가 숯덩이로 변하기 전에 무사히 꺼낼 수 있었다.

"휴, 라오디케 언니랑 헬레노스는 너무 바빠서 가게를 홀라당 태워 먹을 뻔했다는 것도 모를 거야."

안드로마케가 씩 웃으며 놀려 댔다.

"에이, 과장이 좀 심하다."

안드로마케는 서둘러 쟁반 위에 쿠키 반죽을 뚝뚝 떼어 올렸다. 카산드라가 부엌에서 계속 서성대자, 안드로마케가 힐끔 쳐다보고 말했다.

"어서 가 봐야 하지 않아? 여기 일은 내가 알아서 할게."

카산드라는 함박웃음을 지으며 앞치마를 휙 벗어 던졌다.

"좋아! 그럼 이따 보자!"

카산드라는 가게 로고가 박힌 예쁜 그릇에 특제 오라클 쿠키를 종류별로 차곡차곡 담은 다음 회전목마 쪽으로 가져갔다.

"우리 가게 쿠키 시식해 볼래?"

카산드라는 일단 가장 가까운 곳에 있던 소년 신에게 말을 걸었다. 소년 신은 포도알 같은 눈동자로 카산드라를 쳐다보았다.

'아, 디오니소스구나. 내가 아는 한 보랏빛 눈동자를 가진 소년 신은 디오니소스뿐이야.'

디오니소스가 쿠키를 집어 들더니 나머지 손으로 자신이 만들던 동물 모형을 가리켰다.

"이게 어떤 동물인지 알겠어?"

카산드라는 확신에 차서 대답했다.

"표범이잖아."

디오니소스는 그제야 안심이 되는 모양이었다.

"휴, 다행이다. 난 연기랑 달리 미술에는 별 소질이 없거든. 이게 표범이란 걸 알아볼 수 있다니 기분 좋은걸?"

카산드라는 디오니소스에게 기운을 북돋아 주기로 했다.

"그렇게 겸손할 거 없어. 이 표범 모형은 정말 근사해."

〈십대들의 두루마리〉 잡지 화가도 같은 생각인 듯했다. 화가는 그간 이 부근을 돌아다니며 불멸의 존재들을 스케치했는데, 디오니소스가 표범 모형에 무늬를 칠하는 모습을 보고는 자리에 멈춰 서서 그 장면을 스케치북에 담았다.

카산드라는 여기저기에 쿠키를 나눠 주며 회전목마가 설치되는 과정을 구경했다. 디오니소스의 표범처럼 거의 완성되어 가는 것도 간간이 보였다. 헤파이스토스가 만드는 동물은 귀가 길고 히힝 대는 소리를 내는 걸 보니 아마도 당나귀인 것 같았다. 포세이돈은 파도 위로 훌쩍 뛰어오르는 돌고래를, 아르테미스는 황금 뿔 달린 사슴 전차를 만들고 있었다. 판은 고불고불한 털을 묘사하려고 양의 몸통에 열심히 소용돌이 모양을 새겨 넣는 중이었다.

카산드라는 걸음을 멈추고 아프로디테의 작업을 구경했다. 아프로디테가 손을 들고 허공에 S자를 그리더니 이내 주문을 외웠다.

길고도 우아한 목,
눈부신 하얀 깃털,
백조여 태어나서
기쁨을 선사하라!

이윽고 회전목마 위에 아프로디테의 키보다 더 큰 백조가 모습을 드러냈다. 아프로디테는 백조 주위를 한 바퀴 빙 돌면서 꼼꼼히 상태를 살폈다. 카산드라의 눈에는 완벽해 보이는데 아프로디테는 뭔가 성에 차지 않은 모양이었다. 아프로디테가 다시 주문을 걸자 백조가 한층 더 생생하고 우아한 모습으로 바뀌었다.

회전목마 전체 장식은 페르세포네와 또 한 명의 여신이 맡고 있었다. 페르세포네가 사다리 위에 올라서서 뾰족 지붕 가장자리에 꽃을 새겨 넣었고, 나머지 여신이 회전목마를 무지개 빛깔로 분주히 칠하고 다녔다.

아테나는 헤라클레스가 사자 모형 만드는 걸 돕고 있었다. 헤라클레스는 자신이 늘 두르고 다니는 망토를 본보기로 삼아 사자 모형의 얼굴을 만드는 중이었다.

'아테나는 뭘 만들고 있었던 거지? 뭔지 알아볼 수가 없네.'

아테나가 헤라클레스를 돕느라 작업을 멈추고 있던 탓에 아테나의 동물 모형은 기본 형태만 잡혀 있었다.

'아마 부엉이겠지? 아테나가 부엉이를 유난히 좋아한다는 건 다 아는 사실이잖아. 아테나의 상징이기도 하고. 그런데 왜 부엉이한테 다리를 네 개나 달아놨지? 다리가 아니라 날개인가?'

카산드라가 궁금해하며 모형을 쳐다보고 있는 사이, 웬 소년이 뒤에서 말을 걸었다.

"나도 그 쿠키 맛 좀 봐도 될까?"

카산드라는 누구의 목소리인지 곧바로 알아차렸다.

'아폴론이구나!'

뒤돌아서던 카산드라는 저도 모르게 방실방실 웃음이 났다.

"운 좋은 줄 알아. 딱 하나 남았단 말이야."

카산드라가 쟁반을 내밀자, 아폴론이 마지막 쿠키를 잽싸게 낚아챘다.

카산드라는 빈 쟁반을 옆구리에 끼고 아폴론이 만들고 있는 동물 모형을 한 바퀴 빙 돌았다.

"까마귀야?"

아폴론이 씩 웃으며 대답했다.

"한 번에 맞혔어. 까치나 제비라고 하지 않아서 좋은걸."

아폴론이 들고 있던 오라클 쿠키의 포장을 벗기자 쿠키가 예언을 전했다.

"당신은 공짜 쿠키를 얻을 거예요."

아폴론은 하하 웃으며 쿠키를 한입에 털어 넣었다.

"냠냠냠. 거참, 이렇게 정확한 예언이 있다니!"

"내가 쓴 거 아니야!"

카산드라는 당황해서 얼른 해명하려 했다.

'그건 헬레노스의 작품이란 말이야. 내가 저런 두루뭉술한 예언을 썼다고 생각하면 곤란해!'

아폴론이 아무 대꾸도 하지 않자, 카산드라는 괜히 발만 꼼지락거렸다. 갑자기 좀 창피하기도 하고, 할 말이 떠오르지도 않았다.

"어, 저기⋯⋯ 나 이제 가 봐야겠어."

그러자 아폴론이 호주머니에서 파피루스 조각을 꺼내 카산드라에게 내밀었다. 처음에는 '당신은 저주를 되돌려야 해요.'였던 문장이 이제 '당신은 저주를 되돌리지 않을 거예요.'라고 바뀌어 있었다.

"어떻게 된 일이야? 설명해 줘."

'어머!'

카산드라는 아폴론을 잠자코 바라보았다.

'예언이 저절로 바뀐다는 걸 알아차렸나 봐. 모두들 바뀐 내용이 원래 예언이라고 여기고는 날 엉터리 예언자나 거짓말쟁이로 취급하는데. 아폴론은 신적인 능력 때문에 알게 된 걸까? 내 예언이 저절로 바뀌는 게 자신이 예언의 신인 것과 관련이 있다는 걸, 혹은 내게 저주를 걸었던 게 자기라는 걸.'

카산드라는 퉁명스럽게 말을 뱉었다.

"내가 쓴 예언을 예언의 주인이 읽으면 그 주인은 하루가 지나기도 전에 내 예언을 엉뚱하게 기억해. 예언의 내용도 완전히 달라지고."

그 말에 아폴론의 눈이 휘둥그레졌다.

"그럼 예언을 말로 전하면?"

"똑같아. 몇 분에서 하루까지 조금씩 다르긴 한데, 예언을 듣고 나서 어느 정도 시간이 흐르면 예언 주인의 기억이 뒤바뀌어 버려. 늘 그래."

카산드라는 지난 세월 동안 진실을 말했지만 아무도 믿어 주지 않던 서러움이 확 몰려왔다.

"다 너 때문이야!"

카산드라가 버럭 소리를 지르자 아폴론은 놀라서 주춤했다.

"뭐라고? 그럴 리 없어!"

"그럴 리 있거든? 너 정말 우리가 처음 만났을 때 기억 안 나? 제우스 님의 결혼식 때 말고 7년 전에 만났을 때 말이야."

"엉?"

"내가 다섯 살 때 온 가족이 휴가를 맞아 전국 곳곳의 신전을 구경하러 다녔어. 그런데 어느 신전에서 뿌루퉁하니 혼자 서 있던 널 만난 거야. 난 너한테 왜 혼자 있냐고 물었고, 넌 그곳이 네 신전이니 혼자 마음대로 돌아다녀도 된다고 했지. 난 그곳이 네 신전이 아니라고 대꾸했고……."

"그래, 내 신전이 아니었어."

아폴론은 카산드라의 말을 믿는 것 같았다.

"그저 내 신전이었으면 하고 바랐던 것 같아. 그때는 철없는 꼬맹이였으니까. 아마 여섯 살 정도 되었던 것 같아. 벌써 자기 신전을 가지고 있는 이웃 아이들이 신전 하나 없는 녀석이라고 놀려 댄 일이 기억나. 교장 선생님은 올해가 되어서야 나한테 신전을 선물하셨지."

'흥, 그럼 그날 내 말이 옳았던 거잖아?'

하지만 카산드라는 이제 와서 다시 내가 옳았느니 네가 옳았느니 따지고 싶지 않았다. 아폴론의 설명을 들으니 그때 아폴론이 왜 그렇게 발끈했는지 어느 정도 이해할 수 있었다.

'아이들이 놀려서 속상했나 봐. 나도 예언 때문에 놀림을 받아서 그 기분 잘 알지! 누구든 자꾸 놀림받다 보면 나중에 후회할 짓을 저지르기도 하잖아.'

카산드라는 다시 옛이야기를 꺼냈다.

"어쨌든 말싸움을 하던 끝에 네가 나한테 저주를 걸었어. 그

때부터 아무도 내 예언을 믿지 않아. 단 한마디도."

놀란 아폴론은 눈이 당장 튀어나올 듯한 표정을 지은 채 카산드라를 바라보았다.

"농담이지? 난 전혀 기억이 없는걸."

"진담이야."

카산드라는 아폴론의 눈길을 마주하기 싫어서 고개를 휙 돌려 버렸다. 그런데 하필 아테나가 눈에 들어왔다. 아테나는 다시 자기 동물 모형을 열심히 만들고 있었다. 어느새 네 다리 달린 모형의 배가 탄탄해지고, 목이 길게 뻗어 나와 있었다.

'어? 부엉이가 아니잖아?'

카산드라가 지켜보는 사이, 아테나가 동물의 머리를 만들기 시작했다. 아폴론이 곁에서 뭐라고 말을 걸었지만, 카산드라는 아테나한테 온 신경이 쏠려 있어 들리지 않았다.

"난 아테나가 부엉이를 만드는 줄 알았는데……."

혼잣말을 중얼거리던 카산드라는 소름이 돋았다.

"설마…… 설마……."

카산드라가 차마 말을 맺지 못하는 사이 아테나가 마지막 주문을 걸었다.

곧이어 아테나의 동물에서 기다란 주둥이, 벌름거리는 콧구멍, 뾰족한 귀, 윤기 흐르는 갈기가 돋아났다!

그때 〈십대들의 두루마리〉 잡지 화가가 카산드라에게 다가오며 말을 걸었다.

"애야, 아테나의 트로이 목마 앞에 너랑 아테나가 함께 서 있는 모습을 그려도 될까? 기사에 내려고 그런단다."

카산드라는 그 자리에 얼어붙고 말았다.

'어쩐지 불안하더라니, 내 예감이 맞았어! 저건 평범한 말이 아니라, 그 끔찍한 트로이 목마를 재현한 거잖아! 맙소사! 어떻게 내게 이런 짓을 할 수 있지?'

카산드라는 뺨을 한 대 얻어맞은 기분이었다.

'저 목마를 본 모두가 우리 트로이의 굴욕적인 패배를 떠올리게 될 거야. 게다가 나의 뼈아픈 실패도 연상하게 될 거고!'

"카산드라?"

카산드라는 그제야 아폴론의 목소리가 귀에 들어왔다. 목소리를 들어 보니 아폴론은 계속 카산드라의 주의를 끌려고 애썼던 모양이었다.

'널 보고 싶지 않아.'

카산드라는 눈길을 아래로 한 채, 아폴론으로부터, 화가로부터, 회전목마로부터 주춤주춤 물러나 가게 안으로 달려 들어가 버렸다.

잠시 후 부엌에 도착한 카산드라는 안드로마케에게 숨넘어 갈 듯 외쳤다.

"아테나가 회전목마에 트로이 목마를 달았어!"

"뭐야?"

소스라치게 놀란 안드로마케의 얼굴에 핏기가 가시는 것 같더니 이내 표정이 험악하게 변했다.

"반드시, 반드시 후회하게 해 주겠어."

"안드로마케, 그게 무슨 소리야?"

카산드라는 안드로마케의 반응이 걱정스러웠다. 물론 카산드라도 그런 일을 벌인 아테나가 미웠다. 하지만 생각하면 생각할수록 복수가 분노의 해결책이 될 것 같지 않았다. 오히려 복수를 하면 기분이 더 나빠질 뿐이었다.

안드로마케가 사무실로 가더니 책상 위에 놓여 있던 〈주간 그리스 신문〉을 집어 들었다.

"여기 아테나와 그 잘난 영웅 오디세우스에 대한 기사가 났더라. 아테나가 영웅학 수업 때 오디세우스를 고향 이타카로 돌려보내는 과제를 맡았나 봐. 보아하니 성적 때문에 아테나한테 아주 중요한 일인 것 같아. 원래 머리 좋은 애들이 성적이라면 아주 절절매잖아."

"그래서?"

카산드라는 안드로마케가 무슨 말을 하려는 건지 알 수 없었다. 안드로마케가 어느 짤막한 기사를 가리키자, 카산드라는 신문을 받아들고 얼른 기사를 읽었다. 올림포스 학교 학생들이 영웅학 게임 말판 위에서 작은 영웅 조각상을 움직이면, 인간 세상의 영웅한테 똑같은 일이 일어난다는 내용이었다.

'어머, 근사하다! 그런데 실제 영웅 입장에서는 좀 무서울 수도 있을 것 같아.'

"아테나가 하는 일을 망쳐 버리겠어."

안드로마케는 분통이 터지는지 가만히 서 있지 못하고 가게 안을 계속 서성였다.

"아주 톡톡히 망신당하게 해 줄 거야. 아프로디테도 마찬가지고. 아테나를 도와서 오디세우스의 가족을 보살핀다잖아."

"엉? 뭘 어떻게 하려고 그래?"

카산드라의 물음에 안드로마케가 걸음을 멈추었다. 그러고는 카산드라 쪽으로 고개를 숙여 속삭였다.

"아테나의 영웅 오디세우스가 이타카에 가지 못하게 막아야지. 그럼 당연히 아테나의 성적이 나쁘게 나올 거 아니야. 아테나에게는 결국 그게 복수가 될 거야. 네가 제우스 님에게 보냈던 회전목마 예언이 결국 우리한테 이렇게 하라는 계시였던 것 같아. 그것 때문에 호메로스와 올림포스 학교 아들이 여기 왔고, 내가 아이디어를 얻게 되었잖아. 안 그래?"

"무슨 아이디어? 난 아직도 이해가 안 돼. 설사 복수를 하고 싶다고 해도 이 기사에 나온 영웅학 게임 말판을 무슨 수로 망쳐? 우리는 올림포스 학교에 갈 수 없잖아."

안드로마케가 다시 생각에 잠겼다. 다음 순간 안드로마케의 눈에 누군가 들어왔다.

"그 대신 올림포스 학교에 갈 수 있는 사람을 알고 있잖아."

카산드라는 안드로마케가 쳐다보고 있는 쪽으로 눈길을 돌렸다. 호메로스가 아테나의 목마 앞에서 〈십대들의 두루마리〉 잡지 화가를 위해 자세를 취하고 있었다. 카산드라는 밉살스러운 목마를 보고 싶지 않아서 고개를 돌렸다.

"카산드라, 넌 오디세우스를 곤경에 빠뜨릴 예언 몇 개만 만들면 돼. 내가 호메로스를 꼬드겨서 올림포스 학교에 있는 오디세우스 조각상에게 건네도록 할게."

카산드라는 안드로마케의 제안이 영 마음에 걸렸다.

'안드로마케는 내 예언을 나보다 더 철석같이 믿는 것 같아.'

카산드라는 머뭇머뭇 대답했다.

"난 예언을 일부러 만들어 내지 않아. 그냥 불현듯이 환상이 보이는 거란 말이야."

안드로마케는 상관없다는 듯이 어깨를 들썩였다. 그러고는 자기 할 말만 계속했다.

"오디세우스한테 예언의 내용을 전해 주면 여정이 더 흥미진진해질 거라고 하는 거지. 그러면 호메로스도 우리가 원하는 대로 움직일 거야!"

카산드라는 흠칫했다.

'맙소사! 안드로마케가 복수 작전을 짜는 데 이렇게 능수능란할 줄이야. 이 정도면 올림포스 학교 복수학 선생님인 네메시스도 울고 가겠는걸?'

물론 카산드라는 그 말을 입 밖으로 내지 않았다. 그랬다가는 안드로마케가 당장 실천에 옮기겠다고 나설 텐데, 카산드라는 여전히 마음이 내키지 않았다.

"글쎄, 난 잘 모르겠어. 만약……."

"카산드라, 안에 있니?"

때마침 헤카베가 호메로스를 데리고 활짝 웃으며 부엌으로 들어섰다. 두 사람 다 아무런 낌새도 채지 못한 듯했다.

"안드로마케 혼자서도 잘해 주고 있구나."

헤카베는 안드로마케에게 눈인사로 고마움을 표하고서 말을 이었다.

"카산드라, 넌 책 읽는 걸 좋아하고 늘 서점에서 일하고 싶어 했잖아. 그래서 말인데, 작가 사인회 때까지 호메로스를 도와주지 않겠니?"

"네, 그럴게요."

카산드라는 흔쾌히 대답했다.

'이왕 일을 해야 한다면 서점에서 일하는 게 더 좋지 뭐. 그런데 내가 없는 동안 안드로마케가 무슨 일을 벌일지 걱정이야. 흠, 예언이 없으면 안드로마케도 복수 작전을 포기하겠지? 바빠서 환상을 볼 틈이 없다고 둘러대면 될 것 같아.'

호메로스가 기다렸다는 듯이 빙긋 웃었다.

"좋았어! 자, 조수! 그럼 시작해 볼까?"

철퍼덕!

호메로스가 들고 있던 두루마리를 펼쳤다. 길이가 어찌나 긴지 바닥에 닿고도 남을 정도였다.

"일단 해야 할 일의 목록을 점검해 보자. 첫째, 사인회 때 내 책상 위에 파란색 깃털 펜을 가지런히 놓아 줘. 펜촉 손질이 완벽하게 되어 있어야 한다는 건 말할 필요도 없겠지? 둘째, 너무 딱딱하지도, 너무 푹신하지도 않은 의자를 마련해 줘. 색깔은 내 행운의 색인 파란색으로. 셋째……."

카산드라는 마른침을 꼴깍 삼켰다.

'작가들은 원래 다 이렇게 깐깐하고 요구 사항이 많은 걸까? 아, 내가 무슨 일을 하겠다고 나선 거지?'

7 오디세우스

 화요일 아침, 아테나는 영웅학 교실 교사 책상 앞으로 불려 나와 있었다. 자리에 앉은 키클롭스 선생님은 짜증을 억누르려 애쓰며 외눈으로 아테나를 엄하게 노려보았다.

 "네 영웅 오디세우스가 우리 집안 소유의 섬에 들어가 말썽을 일으켰어. 아테나, 이건 곤란해. 내 동생의 양과 음식을 훔치다니 그게 과연 영웅이 할 행동이냐?"

 아테나는 고개를 가로저었다. 솔직히 너무 창피했다. 모든 반 아이들이 키클롭스 선생님의 꾸지람 소리를 생생히 듣고 있었다. 게다가 엎친 데 덮친 격으로 호메로스가 아테나 곁에 서서 이 모든 일을 상세히 적고 있는 게 아닌가?

'설마 〈오디세이아〉에 이 대화가 들어가지는 않겠지? 부디 그런 일은 없어야 할 텐데!'

창피해하는 아테나와 달리 호메로스는 신이 나서 숨이 멎을 듯한 얼굴을 하고 있었다. 호메로스의 홍보 담당자 도로스 씨와 소문의 여신 파마 덕분에 오디세우스의 모험은 올림포스 학교뿐만 아니라 인간 세상에서도 큰 화젯거리였다.

'오디세우스가 말썽을 일으키는 바람에 이번 주말에 있을 호메로스의 사인회가 더 널리 알려지게 되었어. 대신 오디세우스를 하루빨리 고향으로 돌려보내지 않으면 내 성적이 위태위태해질 거야.'

키클롭스 선생님이 다시 말을 이었다.

"뭐, 폴리페모스도 어느 정도 잘못하긴 했지. 오디세우스와 그의 부하들을 잡아서 저녁 식사거리로 삼으려 했으니까. 그러니 이번 일은 그냥 넘어가도록 하겠다. 오디세우스의 행동을 눈에는 눈, 이에는 이로 갚은 거라고 보마."

"선생님, 고맙습니다."

아테나는 진심을 담아 인사했다.

"정말 공정하세요. 참, 항해를 방해하는 맞바람을 가죽 자루에 싹 가두어 오디세우스에게 전해 주었어요. 이제 순풍만 남아 있으니까 지금부터는 순조롭게 갈 수 있을 거예요."

키클롭스 선생님이 고개를 끄덕였다.

"잘했구나, 훌륭해."

아테나는 키클롭스 선생님과의 대화를 마치자마자 영웅학 게임 말판으로 갔다. 트로이 목마 모형을 완성한 뒤로 아테나는 다시 오전 수업을 듣고 있었다. 하지만 아직 페인트칠이 남았고, 회전목마 장식도 도와야 했기 때문에 일이 모두 끝난 것은 아니었다. 그래서 오후에는 수업을 듣지 않고, 나머지 학생들과 함께 불멸 쇼핑센터로 가서 남은 작업을 했다.

사실 아테나는 학교에 남아 오디세우스를 지켜보고 싶었다. 가능한 빨리 오디세우스를 이타카의 가족에게 돌려보내 주겠다고 단단히 결심했지만 일이 생각보다 쉽지 않았다.

'오디세우스가 제 마음대로 움직이는걸! 게다가 호시탐탐 오디세우스를 괴롭히려는 자들도 있고 말이야.'

아테나는 포세이돈 쪽을 슬쩍 쳐다보았다. 지금도 포세이돈은 게임 말판 위의 바다 괴물 스킬라에게 뭔가를 속삭이고 있었다. 머리가 여섯 달린 괴물 스킬라는 포세이돈의 지시를 들으며 지중해 쪽을 유심히 쳐다보고 있었다.

'아, 뭐라고 하는지 엿들을 수 있으면 좋을 텐데. 하긴, 저 둘이 오디세우스를 괴롭히려고 어떤 음모를 꾸미고 있는지 안다고 해서 나한테 도움 될 건 없어. 난 바다 괴물과 말이 통하지 않는걸!'

어느새 호메로스가 곁에 다가와 아테나를 졸졸 따라다니기 시작했다.

"이봐, 아테나. 내가 제대로 이해했는지 확인 좀 할게. 오디세우스는 눈이 셋 달린 폴리페모스 키클롭스를 속였다."

"눈이 셋이 아니라 하나야."

아테나가 오류를 지적해 주자, 호메로스는 얼른 내용을 고쳐 썼다.

"아, 그렇지. 그 다음에 오디세우스 일행이 염소 배에 매달려 동굴을 탈출한 거 맞지?"

"염소가 아니라 양."

아테나는 속으로 끙 하고 신음했다.

'어휴, 호메로스는 파마만큼이나 실수투성이야! 저쯤 되면 일일이 사실을 확인해 주는 전문가를 구하는 게 낫지 않아? 아, 잠깐. 이미 한 명 붙어 있구나. 심지어 일도 공짜로 해주는걸. 바로 나 말이야!'

호메로스가 다시 줄을 벅벅 긋더니 다음 기록을 읽었다.

"오디세우스는 배에 올라타서 폴리페모스를 또 속였어. 자기 이름을 '아무도 아니'라고 말한 거지. 그래서 폴리페모스는 자기 양을 훔쳐간 자가 아무도 아니라고 소리쳤고, 그 결과 다른 키클롭스들이 도와주지 않고 비웃기만 했어."

호메로스는 완성된 메모를 다시 읽어 보더니 키득거렸다.

"이거 정말 재미있는걸. 내 새 책에 조금이나마 웃음을 더할 수 있겠어. 독자들이 아주 좋아할 거야."

아테나가 오디세우스 조각상이 있는 곳에 도착한 순간, 호메로스가 포세이돈을 발견하고서 소리쳤다.

"오, 포세이돈! 그렇지 않아도 만나고 싶었어! 몇 가지 질문 좀 해도 될까? 오디세우스가 최근에 일으킨 말썽에 네가 어떤 역할을 했는지 궁금해서 말이야. 듣자하니 네가 오디세우스를 저지하기 위해 키코네스 섬 앞바다를 휘저었다며?"

포세이돈의 얼굴이 대번에 환해졌다. 포세이돈은 남의 주목을 끌고 칭찬을 받는 걸 무엇보다 즐겼다.

"당연하지!"

호메로스가 포세이돈과 이야기를 나누는 사이, 아테나는 자기 책상으로 갔다. 그러고는 영웅학 두루마리 교과서를 펴고 지도에 관한 내용을 찾았다. 10분 쯤 지났을 때 호메로스가 아테나 곁으로 오더니 건너편 줄에 앉으며 물었다.

"뭘 하고 있는 거야?"

아테나는 어딜 가든 호메로스가 졸랑졸랑 따라다녀서 도무지 집중할 수가 없었다. 그래도 아테나는 호메로스의 질문에 대답해 주기로 마음먹었다. 호메로스가 정말 궁금해하는 것 같기도 하고, 〈오디세이아〉에 최대한 정확한 내용이 담기길 바랐기 때문이다.

"자료 조사 중이야."

"아."

시시해하는 호메로스의 반응에 아테나는 조금 더 자세히 설명해 주기로 했다.

"오디세우스를 이타카로 보내기 위해 가장 빠르고 안전한 경로를 찾고 있어."

문득 아테나는 게임 말판 위에 바람이 횡횡 부는 소리를 들었다.

'아, 잘됐다. 오디세우스의 배가 순풍을 타고 계속 전진할 수 있겠구나. 게다가 역풍을 모조리 자루 안에 가두어서 오디세우스에게 주었으니 폭풍을 만날 일도 없을 거야. 그럼 배에

문제가 생길 리도 없고.'

아테나는 다시 호메로스에게 집중하기로 했다.

"오디세우스는 위험한 해류나, 바다 괴물, 암초가 숨어 있는 해안을 피해야 해. 난 도울 수만 있다면 오디세우스가 더 이상 실수를 저지르지 않기를 바라거든."

아테나는 잠시 머뭇거리다가 말을 이었다.

"작가도 책을 쓸 때 자료 조사를 엄청 해야 하지? 그래야 세세한 부분까지 모두 정확하게 다룰 수 있을 테니까 말이야."

아테나는 호메로스가 역사적 사실들을 좀 더 정확하고 신중하게 다루었으면 하는 마음으로 일부러 말을 꺼냈다. 그런데 호메로스는 손사래부터 쳤다.

"그런 건 대충 해도 돼. 독자들은 정확성보다 재미와 모험, 그리고 웃음을 더 중요하게 여긴다고."

아테나는 짜증이 나서 호메로스를 쏘아보았다. 지금이야말로 〈일리아드〉에서 트로이 목마 이야기를 뺀 이유를 물어볼 기회였다.

'빼고 지나가도 아무 상관없는 사소한 일이라고 생각한 걸까? 내가 보기엔 아주 흥미진진한 사건인데 말이야.'

"하지만 네가 실화를 바탕으로 한 이야기를 쓰겠다면……."

그때 메두사가 성큼성큼 다가와 스톤글라스 렌즈 너머로 호메로스를 매섭게 노려보았다.

"야, 비켜. 내 자리야."

메두사 때문에 아테나는 하던 말을 멈추어야 했다. 메두사의 머리 위에서 열두 마리 뱀이 몸을 곤추세우고 사납게 쉿쉿거렸다. 호메로스는 겁먹은 눈으로 뱀을 쳐다보더니 자리에서 벌떡 일어났다.

"어, 미안해!"

자리에 앉은 메두사는 키클롭스 선생님의 눈길을 피해 손톱에 초록색 매니큐어를 바르기 시작했다. 잠시 후 메두사가 고개도 들지 않고 지나가듯이 한마디 내뱉었다.

"가서 네 영웅을 살펴보는

게 좋을 거야."

지난 금요일 오디세우스가 말썽을 일으켰을 때에도 메두사는 슬며시 귀띔을 해 주었다.

"어? 왜?"

아테나는 번개처럼 게임 말판으로 눈길을 돌렸다. 아테나가 오디세우스 조각상을 세워 놓은 자리 주위에 아프로디테와 포세이돈을 비롯한 여러 아이들이 우르르 모여 서 있었다.

"오디세우스의 부하들은 네가 준 가죽 자루 안에 황금이 든 줄 알았던 모양이야. 그래서 오디세우스가 보지 않는 틈을 타서 자루를 열어 버렸대."

메두사는 매니큐어를 호호 불며 태연하게 이야기를 이었다.

"안에 들어 있던 바람이 모조리 빠져나오면서 폭풍이 일어났지. 덕분에 오디세우스의 배는 라이스트리고네스의 섬으로 밀려갔어."

"오, 멋진데!"

호메로스가 탄성을 터뜨렸다. 호메로스는 어느새 다른 학생의 자리에서 의자를 끌고 와 아테나 옆에 앉아 있었다.

"안 돼!"

아테나가 거의 울먹이며 소리쳤다.

'라이스트리고네스 부족은 거칠기 짝이 없는 거인들이란 말이야!'

아테나는 영웅학 두루마리 교과서를 집어 들고 말판으로 부리나케 달려갔다. 호메로스도 메두사의 말을 받아 적으며 아테나의 뒤를 따랐다.

그사이, 영웅학 말판 위에서는 거인들이 해안 절벽에 서서 바위를 던져 대고, 해안 가까이 정박한 배들은 속절없이 당하고만 있었다.

아테나가 도착했을 때는 이미 열두 척의 배 중 열한 척이 난파된 뒤였다. 오디세우스가 탄 배만이 허겁지겁 다른 섬으로 도망치고 있었다.

아테나는 얼른 영웅학 두루마리 교과서를 펴고 오디세우스가 상륙한 섬에 누가 사는지 확인했다. 잠시 후 아테나는 끙 하는 소리를 냈다.

"하필 마녀 키르케라니!"

아프로디테가 고개를 들이밀고서 키르케에 대한 설명을 읽었다.

"말도 안 돼! 인간을 돼지로 바꿔 버리는 걸 좋아한다고? 오, 이런."

아니나 다를까 섬에는 이미 작은 돼지들이 뛰어다니고 있었다. 마녀가 어느새 오디세우스의 부하들을 꿀꿀대는 돼지로 바꿔 버린 모양이었다.

아테나는 애가 닳아 발을 동동 구르며 물었다.

"얘들아, 오디세우스는 어떻게 됐어? 오디세우스도 돼지로 변했어?"

"그래서, 돼지로 변해 있었어?"

아르테미스가 물었다. 지금 막 아테나가 친구들에게 오디세우스 소식을 전한 참이었다.

아테나, 아르테미스, 아프로디테는 학생 식당의 늘 앉는 자리에서 점심을 먹고 있었다. 페르세포네는 쇼핑센터 기둥에 장식할 꽃을 키우느라 학교 온실에 가 봐야 해서 먼저 식사를 마치고 자리를 떴다. 페르세포네와 아르테미스도 원래 오전에 영웅학 수업을 듣는데, 그날은 회전목마 때문에 제우스와 함께 불멸 쇼핑센터에 다녀오느라 수업에 참석하지 못했다.

"아니, 오디세우스는 무사히 도망쳤어."

아테나는 지금 막 입에 넣은 넥타르로니를 우물우물 씹으며 답했다.

"마녀 키르케를 설득해서 부하들을 사람으로 되돌리는 데도 성공했고."

그러자 아르테미스가 안도의 한숨을 쉬었다.

"휴, 다행이다."

아테나는 넥타르로니를 꿀떡 삼키고서 대답을 이었다.

"그런데 호메로스가 옆에서 지켜보면서 그 일들을 전부 다 기록했어. 진짜 창피하고 짜증 나. 내 영웅이 1교시 동안에 배와 부하를 거의 다 잃어버렸잖아!"

잠시 후 아폴론이 아테나와 친구들이 있는 자리로 의자를 끌어와 말에 올라타듯 거꾸로 앉았다.

"혹시 이 중에 누구 주술학 수업 들어?"

아폴론이 아테나, 아프로디테, 아르테미스를 휘휘 둘러보며 물었다. 그러자 아테나가 손을 살짝 들었다.

"나 5교시에 들어."

"아, 그렇구나! 올해 초 메두사가 판도라를 돌로 바꾸어 버렸을 때 네가 마법 무효 주문을 걸었지? 그럼 아테나 네가 날 도와줄 수 있겠다. 어려운 저주 하나를 되돌려야 하는데 방법을 모르겠어."

아테나가 고개를 끄덕거리며 대답했다.

"도와주고말고. 대신 정보가 좀 더 필요해."

아테나는 손가락을 하나씩 꼽아 보였다.

"첫째, 누가 저주를 걸었는가? 둘째, 언제 걸었는가? 셋째, 저주를 걸 때 정확히 뭐라고 말했는가? 이 세 가지를 알아야만 하거든."

"내가 7년 전에 걸었어. 그리고 세 번째 질문에 대한 답은 '기억 안 나'야."

아테나의 얼굴이 어두워지자, 아폴론은 얼른 말을 덧붙였다.

"그래, 나도 알아. 뭐라고 저주를 걸었는지 기억하지 못하면 되돌리기 무척 어렵지."

듣고 있던 아르테미스가 은근슬쩍 한마디를 던졌다.

"무척 어려운 게 아니라 그냥 불가능하지."

"누구한테 어떤 저주를 걸었는데? 그거라도 알아야 어떻게 해 보잖아."

아테나가 묻자 아폴론은 솔직하게 대답했다.

"카산드라."

아프로디테가 눈을 동그랗게 뜨며 되물었다.

"어? 오라클 오 제과점 둘째 딸 말이야?"

아폴론이 고개를 끄덕이자, 아르테미스가 물었다.

"카산드라랑 7년 전부터 아는 사이였어? 어쩌서 난 몰랐지?"

"나도 몰랐어. 아니, 그러니까 내 말은 난 전혀 기억이 없어. 그런데 카산드라 말로는 우리가 어느 신전에서 만났고, 내가 아무도 그 애의 예언을 믿지 않게 하는 저주를 걸었대."

아르테미스가 미심쩍다는 표정을 지었다.

"글쎄, 그냥 지어낸 말일 수도 있잖아. 파마가 그러던걸? 인간 세상의 누구도 그 애 예언을 믿지 않는다고 말이야. 다들 카산드라를 거짓말쟁이라고 한대."

그러자 아폴론이 대답했다.

"난 카산드라의 예언이 정말로 이루어진다고 생각해. 문제는 그 사실을 믿는 이가 나밖에 없다는 거지."

아르테미스는 남동생의 얼굴을 빤히 쳐다보더니 갑자기 뭔가를 깨달은 듯 헉하고 숨을 들이쉬었다.

"너 그 애를 좋아하는구나, 그렇지? 맙소사, 모두가 거짓말쟁이라고 하는 여자애를 좋아하다니!"

아폴론은 얼굴이 빨개지더니 자리에서 벌떡 일어섰다. 그러고는 일부러 누나를 모른 척하며 아테나한테만 말을 걸었다.

"우리끼리 조용히 이야기할 수 있을까?"

아폴론과 아르테미스 남매는 사이가 아주 좋은 편이었다. 하지만 아르테미스가 아폴론의 결정에 반대하거나 이래라저래라 간섭을 하면 아폴론은 쉽게 토라져 버렸다.

아테나는 둘을 바라보며 생각했다.

'음, 아르테미스가 걱정할 만해. 지난번 아폴론의 짝사랑은 정말 비참하게 끝나 버렸는걸!'

아르테미스가 미안한 표정으로 말했다.

"그럴 필요 없어. 내가 입 다물고 있을게."

아폴론이 천천히 다시 자리에 앉더니 아르테미스를 보며 멋쩍게 웃었다.

"고마워."

'옥신각신할 때도 있지만 하여간 사이좋은 남매라니까!'

아테나가 생각에 잠긴 채 천천히 입을 열었다.

"마법 무효 주문을 걸어 본 적이 있긴 한데, 그렇게 오래된 저주를 되돌려 본 적은 없어."

"그래, 그건 정말 조심해야 해."

아프로디테가 한마디 하고서 자리에서 일어나 식판을 정리했다. 그러자 나머지 아이들도 우르르 자리에서 일어나 자리를 정리했다.

"우리 여덟 살 때 주름 잡힌 키톤이 유행했던 거 기억나?"

아테나와 아르테미스가 고개를 끄덕이자, 아프로디테가 말을 이었다.

"그때 나한테 어떤 인간 여자아이가 패션 감각을 갖게 해 달라고 부탁했어. 난 도와주려고 주문을 걸었고, 그 애는 그때부터 유행하던 주름 키톤을 입기 시작했지. 그런데 1년이 지나고 나니 유행이 끝나 버린 거야. 그래서 그 애가 주문을 되돌려 달라고 하소연을 하는데 내 맘대로 안 되더라고."

"그럼 그 애는 아직도 주름 키톤을 입고 있어?"

아르테미스가 황당해하며 묻자, 아프로디테는 고개를 끄덕였다.

"상황이 더 나빠졌지. 내가 주문을 되돌리려다가 실패하는 바람에 촌스러운 모자까지 쓰게 되었으니까."

아테나와 친구들은 풋 하고 웃음이 터졌다. 물론 그런 일을 직접 당하면 결코 웃음이 나지 않겠지만!

웃음이 잦아들자 아테나가 아폴론에게 말했다.

"도움을 얻을 방법이 생각났어. 나랑 같이 가자."

아테나는 쟁반을 퇴식구에 반납한 다음, 아르테미스와 아프로디테에게 인사했다. 그러고는 아폴론을 데리고 주술학 교실로 갔다.

"헤카테 선생님, 계세요?"

아테나가 교실 안으로 고개를 빼꼼 들이밀며 물었다. 혼자 책상에 앉아 일하던 헤카테 선생님이 고개를 들었다. 길고 검은 머리카락이 사방으로 뻗친 채 부드럽게 흔들리고 있어서 헤카테 선생님은 마치 물속을 떠다니고 있는 것처럼 보였다. 물론 교실에 물이 차 있을 리 없으니, 선생님의 머리칼은 허공을 둥실둥실 떠다니고 있었다! 책상 위에도 깃털 펜과 파피루스가 둥둥 뜬 채 이리저리 돌아다녔다.

헤카테 선생님이 들어오라는 손짓을 하는 순간, 머리카락이 와르르 아래로 쏟아지더니 등 뒤에 곱게 자리를 잡았다. 깃털 펜과 파피루스 들도 책상에 내려앉았다.

"얘들아, 어서 오렴. 반중력 주문을 실험하던 중이었단다. 그래, 무슨 일로 왔니?"

아테나와 아폴론은 선생님 책상 앞으로 의자를 끌어와 앉았다. 그러고는 아폴론의 문제를, 아니 정확히 말하면 카산드라의 문제를 간략하게 전했다.

둘의 이야기가 끝나자 헤카테 선생님이 물었다.

"흠, 그 애가 예언자라고 했니?"

아테나와 아폴론은 열심히 고개를 끄덕였다.

"이거 여간 어려운 문제가 아니구나. 오래된 주문은 다루기 아주 까다롭단다. 시간이 지나면서 주문이 뒤틀어지거든. 정확히 뭐라고 말했는지 안다면 문제가 되지 않는데……."

헤카테 선생님이 생각에 잠겨 있는 동안 아테나와 아폴론은 잠잠히 기다렸다. 방 안에 들리는 소리라고는 헤카테 선생님이 긴 손가락으로 책상을 톡톡 치는 소리뿐이었다. 헤카테 선생님이 해결책을 찾느라 생각을 온전히 집중하고 있을 때에 나오는 버릇이었다.

시간이 얼마나 흘렀을까? 헤카테 선생님이 마침내 말을 꺼냈다.

"흐으으음, 기억 없는 저주 되돌리기. 그래, 그거면 효과가 있을지도 모르겠어."

아폴론이 의자를 더 바짝 당겨 앉으며 물었다.

"어떻게 하는 건데요?"

헤카테 선생님의 눈이 반짝 빛났다.

"네가 저주를 건 대상이 7분 안에 일곱 가지 예언을 하게 만들어야 해. 네가 저주를 건 때부터 매해가 1분에 해당하는 거지. 그런 다음, 그 애한테 '기리돌되 주저 는없 억기'라고 말해."

아테나는 속으로 그 말을 되뇌어 보았다.

"어머, '기억 없는 저주 되돌리기'를 거꾸로 말한 거네요?"

헤카테 선생님이 고개를 끄덕였다.

"아, 그리고 조건이 한 가지 더 있어. 일곱 가지 예언으로 기억 없는 저주를 되돌리는 일은 반드시 예언 대회에서 이루어져야 해."

아테나가 아폴론을 바라보며 물었다.

"너 그 애를 어, 그러니까 네 저주의 대상을 대회에 끌어들여 7분 안에 일곱 가지 예언을 하게 만들 수 있어?"

"시도는 해 봐야지."

그러자 헤카테 선생님이 말했다.

"아폴론, 이 방법이 과연 통할지 보장할 순 없단다. 행운을 빌어 주마. 결과가 어떻게 되었는지 내게도 알려 주렴."

아테나와 아폴론은 의자를 다시 제자리에 가져다 놓고서 선생님께 고맙다는 인사를 했다. 그런 다음 서둘러 학교 안뜰로 나갔다. 회전목마 담당 학생들이 불멸 쇼핑센터로 하나둘 떠나고 있었다. 아테나는 금세 아프로디테와 페르세포네를 발견했다. 그 둘은 알록달록한 꽃과 파란 잎사귀를 엮어 만든 장식품을 옆에 잔뜩 쌓아 놓고 벤치에 앉아 날개 샌들을 신고 있었다.

학교 안뜰 한쪽에서 아르테미스가 황금 뿔 달린 사슴을 불러 전차 고삐를 맸다. 아폴론은 얼른 하데스, 포세이돈, 아레스와 함께 아르테미스의 전차에 올랐다. 호메로스도 꾸역꾸역 끼어 타더니 전차를 출발시키려는 아르테미스에게 대뜸 물었다.

"내가 운전해도 될까?"

아르테미스와 호메로스를 제외한 나머지 아이들이 동시에 깜짝 놀라 숨을 죽였다. 아르테미스는 절대 남의 손에 전차를 맡기는 법이 없었다! 특히 얼마 전 파에톤이 호메로스 택배 전차를 타고 몰래 숨어들어와 자기 마음대로 아르테미스의 전차를 '빌려 간' 뒤로는 더더욱 어림도 없는 소리였다.

아르테미스는 얼토당토않다는 듯 딱 잘라 거절했다.

"안 돼."

이어 아르테미스는 아테나를 바라보며 물었다.

"너희들도 탈래?"

아테나는 뒤로 주춤주춤 물러나며 대답했다.

"아니, 괜찮아. 이미 승객이 넘치는걸 뭐. 난 아프로디테, 페르세포네랑 같이 날개 샌들을 신고 갈게."

아르테미스는 무슨 소리인지 알겠다는 듯이 씩 웃었다. 아테나가 잠시나마 호메로스 곁을 벗어나고 싶어 하는 걸 눈치챈 모양이었다.

"알았어, 그럼 이따 보자!"

아르테미스가 삐익 하고 휘파람을 불자 사슴 네 마리가 일제히 땅을 박차고 날아올랐다.

아테나는 페르세포네와 아프로디테에게 기다려 달라고 소리치고서 학교 현관으로 후다닥 달려갔다. 청동 문을 밀고 안에 들어서자마자 아테나는 신고 있던 샌들을 벗어 던지고 날개 샌들 한 켤레를 집어 들었다. 아테나가 샌들에 발을 끼우자마자 뒤꿈치에 달린 은색 날개가 파닥였다. 몸이 허공으로 붕 떠오르자 아테나는 다시 안뜰로 내려가 두 친구 곁으로 갔다.

잠시 후 아테나, 아프로디테, 페르세포네는 꽃 장식품을 높이 받쳐 들고 올림포스 산을 내려갔다. 세 친구의 뒤로 파란 하늘에 꽃길이 펼쳐지기라도 한듯 꽃잎이 한들한들 춤추며 따랐다.

8 예언 대회

탕! 탕!

누군가 망치질을 하고 있었다. 화요일 오후, 올림포스 학교 아이들이 불멸 쇼핑센터에 와서 분주히 회전목마를 만드는 중이다. 카산드라는 호메로스의 말을 한 귀로 흘리며 창문 너머로 시선을 보냈다. 호메로스는 토요일에 있을 사인회를 앞두고 끊임없이 요구 사항을 늘어놓는 중이었다.

"여기에 오라클 쿠키를 한 접시 수북이, 그리고 저기에 젤리를 한 그릇 가득 놓아 줘."

호메로스의 말에 카산드라는 사인회를 위해 준비해 놓은 탁자로 눈길을 돌렸다.

"탁자 양쪽 끝에 하나씩 놓으면 대칭이 되니까 균형 잡혀 보일 거야."

"그래, 그럴게."

카산드라는 건성으로 대답하고서 다시 창밖을 내다보았다. 페르세포네가 안뜰을 빙 둘러싼 기둥에 기다란 꽃 장식을 걸면, 하데스가 못질을 해서 꽃 장식을 고정했다. 그 밖에도 여러 학생들이 열심히 팔을 휘젓거나 주문을 외우며 동물 모형과 회전목마에 페인트칠을 하고 장식을 더했다. 무엇보다 전날 오후에 제우스가 회전목마를 시험 운행해 본 덕분에 지금은 목마 모형이 반대편으로 돌아가 있었다.

'그 꼴 보기 싫은 트로이 목마를 안 봐도 되니 나로서는 다행이지 뭐.'

호메로스의 목소리가 다시 카산드라의 생각을 깨그 끼어들었다.

"쿠키 위에 얹을 장식과 젤리 색깔은 파란색이어야 한다는 거 잊지 마. 〈일리아드〉 두루마리 책을 묶은 리본이랑 내 머리 색과도 어울려야 한단 말이야."

카산드라는 마지못해 창문에서 눈길을 돌렸다. 그러고는 호메로스의 파란 머리칼을, 이어 두루마리 책을 묶은 파란 리본을 쳐다보았다. 호메로스의 책 옆에는 모래시계가 놓여 있었다. 에우리피데스 씨가 매직 쾌직에서 샀다가 두고 간 물건인데, 타이머를 맞춰 놓으면 시간에 따라 종소리가 울렸다.

카산드라는 인상을 찌푸리며 대답했다.

"쿠키 장식은 문제가 아닌데, 파란색 젤리는 좀 곤란해. 불멸 쇼핑센터 안에 젤리 가게는 '달다구리아' 한 군데 밖에 없는데, 거긴 온갖 색깔 젤리를 한꺼번에 섞어서 팔아. 그러니까……."

호메로스는 못 들은 척하며 탁자 뒤에 놓인 커다란 떡갈나무 의자에 앉아 보았다. 그러더니 곧 불평을 해 댔다.

"이 의자는 영 못쓰겠어."

"뭐가 마음에 안 드는데 그래?"

카산드라가 묻자, 호메로스는 앉아 있기 불편한 듯 몸을 꿈지럭거리며 인상을 확 일그러뜨렸다.

"일단 색깔부터 내가 원했던 파란색이 아니잖아. 작가라는 이미지에 잘 어울리는 의자 없어? 파란색 의자에 황금빛 술이 달린 쿠션을 놓으면 그런 느낌이 날 것 같은데?"

카산드라는 이를 악물었다.

'으으으윽. 자기 머릿속에서만 상상하는 의자를 내가 어떻게 알고 구해 오냐고! 내가 저 밖에 있는 불멸의 존재처럼 마법이라도 쓸 수 있는 줄 아나?'

사인회까지는 이제 나흘 남아 있었다. 카산드라는 이 까다롭고, 거만하고, 볼품없는 작가 때문에 그때까지 과연 미치지 않고 살아남을 수 있을지 자신이 없었다. 헤카베가 행사에 관한 사항을 제우스와 의논하기 위해 아침 일찍 올림포스 학교로 갔기 때문에, 호메로스의 기분을 맞춰 주는 일은 고스란히 카산드라의 몫이었다.

'어쨌거나 난 엄마가 특별히 지정한 조수니까 어쩔 수 없지 뭐. 문제는 조수로서 하는 일이라는 게 호메로스의 짜증과 변덕을 일일이 받아 주는 거라는 거야.'

호메로스가 땅이 꺼져라 한숨을 쉬더니 또 다른 요구 사항을 늘어놓았다.

"여기 탁자 한가운데에 아로마테라피용 향초를 세 개 놓아 줘. 향기를 맡고 마음을 진정시킬 수 있도록 말이야."

'좋은 향기로 마음을 진정시키고 싶다고?'

그 순간 카산드라는 깨달았다.

'호메로스가 엄청 긴장되나 봐. 우리 가게 만큼이나 호메로스한테도 이번 행사가 굉장히 중요하니까! 그래서 모든 준비가 완벽하기를 바라는 거지. 엄마도 마찬가지고. 사실 나도 그래.'

"독일 들국화 초는 파란색이니까 그걸 구해 볼게."

호메로스가 고맙다는 듯이 고개를 까닥였다. 그러고는 파란색 깃털 펜을 들고 늘 가지고 다니는 두루마리 공책에 사인 연습을 했다.

잠시 후 호메로스가 몇 장의 사인을 내밀었다. 뭉툭한 서체로 큼직큼직하게 쓴 것, 소용돌이처럼 뱅글뱅글 돌려 쓴 것, 그리고 첫 글자 H 말고는 도저히 알아볼 수 없게 휘갈겨 쓴 것 이렇게 세 가지였다.

"토요일에 있을 사인회 때 어떤 사인을 쓰는 게 좋을까?"

"그게 뭐 그렇게 중요해?"

"당연하지! 작은 것 하나하나가 다 중요해. 이번 책은 무조건 잘 팔려야 한단 말이야. 그렇지 않으면 출판사에서 다음 책을 내려 하지 않을 거야."

호메로스는 머뭇머뭇하더니 카산드라 쪽으로 몸을 숙여 진지하게 말했다.

"네 말대로라면 넌 미래를 볼 수 있잖아? 어떤 사인이 가장 반응이 좋을지 말해 줄래?"

'호메로스가 이렇게까지 부담을 느끼고 있는 줄은 정말 몰랐어!'

카산드라는 대수롭지 않게 대답하기로 했다.

"음, 저 소용돌이 같은 게 좋을 것 같은데?"

"거짓말, 거짓말, 새빨간 거짓말."

누군가 불쑥 말했다. 카산드라가 돌아보니 자신이 가장 싫어하는 인물 중 하나가 서점에 들어와 있었다.

'아, 아가멤논이 여긴 왜 온 거야!'

아가멤논은 카산드라를 바라보며 실실 웃더니 호메로스에게 말했다.

"내가 너라면 저 애 말을 믿지 않을 거야. 맨날 헛다리를 짚거든. 게다가 저 애는 액운을 불러온단 말씀이야. 자기 입으로 직접 그렇다고 말했어!"

그러자 호메로스는 망설이는 표정으로 사인을 다시 살펴보았다.

'라오디케 언니는 아가멤논이 날 좋아한다고 했지? 날 좋아하는 마음을 이런 식으로 표현하는 거라면, 너야말로 헛다리를 짚었어! 그런 말에 내가 얼마나 상처 받는지 정말 모르는 거야? 여자 마음을 몰라도 정도껏이지, 이건 아니야!'

"우리 누나 괴롭히지 마."

헬레노스가 아가멤논을 뒤따라 들어오며 말했다.

때마침 어디선가 나타난 아폴론이 서점과 제과점을 잇는 통로에 기대어 서서 소리쳤다.

"아, 카산드라. 여기 있었구나!"

이어 아폴론은 서점 안의 남자아이들을 쭉 훑어보았다. 뭔가 말썽이 일어나려던 참이란 걸 감지한 듯했다. 그런데 갑자기 아폴론이 코를 킁킁거렸다.

"계피 향기가 나."

카산드라도 냄새를 맡으며 고개를 갸우뚱했다.

"쿠키 냄새가 나는 건가?"

그러자 아르테미스가 아폴론 뒤에서 고개를 쏙 내밀며 말했다.

"아냐, 이건 아폴론이 곧 예언을 할 거라는 신호야."

카산드라의 눈이 동그래졌다.

'우아, 진짜? 신기하다. 아폴론도 예언을 하기 전에 어떤 향기를 맡는구나!'

아폴론은 눈을 질끈 감고 잠잠히 서 있었다. 그러더니 갑자기 장엄한 목소리로 외쳤다.

"예언하노니 카산드라와 내가 곧 예언 대회를 열게 될 것이다. 사실 이건 예언이 아니야. 카산드라, 나랑 예언 대회를 열어 경쟁해 보지 않겠어? 7분 동안 서로 돌아가면서 예언을 하는 거야. 시간 안에 가장 많은 예언을 한 쪽이 이기는 거지."

"우아, 끝내준다!"

호메로스가 대번에 깃털 펜을 집어 들었다. 카산드라와 아폴론의 행동과 말을 단 하나도 놓치지 않고 받아쓸 기세였다. 어느새 아폴론 뒤에 나타난 파마도 잠자코 상황을 지켜보았다.

"안 돼. 누나는 예언하면 안 된단 말이야."

헬레노스가 말리자, 아폴론이 발끈했다.

"오, 그래? 누가 그래?"

하는 수 없이 카산드라가 나섰다.

"헬레노스 말이 맞아. 엄마가……."

"아예 너희 셋이서 대회를 열지 그래?"

아가멤논이 카산드라의 말을 끊고 끼어들었다. 사건을 더 크게 키우려는 의도가 분명했다. 아가멤논은 꿍꿍이셈이 가득한 눈빛으로 헬레노스, 카산드라 그리고 아폴론을 차례차례 쳐다보았다.

카산드라가 거절하며 고개를 가로젓는 순간, 갑자기 페퍼민트 향이 퍼지며 순식간에 환상이 나타났다. 호메로스도 이 상

황을 눈치챘는지 대뜸 에우리피데스 씨의 모래시계를 들어 시간을 7분으로 조절하고 탁자 위에 거꾸로 내려놓았다.

이내 카산드라가 말을 툭 뱉었다.

"마녀 키르케가 오디세우스를 지하 세계로 보낼 거야!"

서점에 있던 모든 아이들이 일제히 카산드라를 쳐다보았다. 카산드라는 자신이 뱉은 말에 놀라서 얼른 두 손으로 입을 막았다. 동시에 파마가 가게 밖으로 쌩 달려 나갔다. 무슨 일이 벌어지는지 소문을 퍼뜨리려는 게 틀림없었다.

호메로스는 신이 나서 헤벌쭉 웃었다.

"이야! 예언 대회가 시작됐어! 자, 다음 선수는 누구야? 어디 한번 지켜보자고! 오디세우스가 이타카로 돌아가는 길에 일어날 사건을 누가 가장 잘 예언하는지 말이야!"

"좋아! 해 보겠어!"

헬레노스도 예언 대회에 참가하기로 결심한 모양이었다.

"나도 좋아. 단, 조건이 있어. 카산드라도 무조건 함께해야 해."

아폴론이 고집을 피우자, 헬레노스의 안색이 어두워졌다.

카산드라는 헬레노스의 반응을 이해할 수 없었다.

'왜 저러지? 나랑 아폴론한테 질까 봐 저러는 걸까? 예언의 신과의 경쟁에서 이길 거라고 기대하는 사람은 없을 거야. 하지만 나한테 지면 자존심이 크게 상하겠지. 그래도 아폴론과 경쟁했다는 사실만으로도 예언자로서의 명성이 올라갈 텐데!'

파마가 소문을 퍼트린 덕에 서점에는 인간과 불멸의 존재들이 우르르 몰려들었다.

"난⋯⋯."

카산드라는 입을 열었다가 말을 맺지 못하고 머뭇거렸다.

'난 이 대회에 참가해 봐야 곤란해지기만 할 거야. 예언을 하지 않겠다고 엄마랑 분명 약속했잖아. 그래 놓고 내 맘대로 약속을 어기면 엄마가 엄청 화내고 속상해 하겠지? 게다가 무엇을 예언하든 결국엔 다들 내가 거짓말했다고 생각할 거야. 하지만 나도 한 번쯤은 큰 소리로 예언을 외쳐 보고 싶어.'

카산드라는 가게에 모여든 인파를 둘러보다가 아테나와 아르테미스가 고개를 맞댄 채 뭔가 쑥덕이는 모습을 발견했다. '오디세우스', '지하 세계'라는 말도 간간이 들리는 걸 봐서, 아르테미스가 아테나한테 카산드라의 예언에 대해 전해 주고 있

는 듯했다. 그 둘 뒤에는 귀를 쫑긋 세운 채 엿듣고 있는 안드로마케의 모습도 보였다.

그때 갑자기 아폴론의 목소리가 울려 퍼졌다. 그 자리에 있던 이들 모두 그쪽으로 눈길을 휙 돌렸다.

"그럼 내 첫 번째 예언을 전할게. 카산드라가 이 대회가 끝날 때까지 여섯 가지 예언을 더 내어놓는다면, 오라클 오 제과 서점에 앞으로 7년 동안 행운이 찾아올 거야."

카산드라는 놀란 토끼 눈을 하고 아폴론을 쳐다보았다.

'7년이나 연이어 행운이 찾아올 거라니! 그건 굉장한 일인걸! 그렇게 되면 남들이 뭐라 하든, 설사 엄마한테 된통 혼나게 된다 하더라도 무조건 대회에 참가할 수밖에!'

카산드라는 또다시 풍겨 오는 페퍼민트 향을 맡으면서 저도 모르게 중얼거렸다.

"오디세우스는 지하 세계를 떠난 뒤 세이렌이 사는 해안으로 항해할 거야."

"뭐라고?"

아테나가 기겁해서 소리쳤다. 구경꾼들도 이제 오디세우스는 끝났다고 생각하는 눈치였다. 세이렌은 바다 요정인데 지나가는 선원들을 아름다운 노랫소리로 홀려서 배가 암초에 난파되게 만들었다.

"세이렌의 노래를 듣지 않기 위해 모든 선원이 귀를 밀랍으로 틀어막을 거야."

아폴론이 예언하자, 헬레노스가 발끈했다.

"잠깐! 내 차례였어."

카산드라가 헬레노스를 달랬다.

"그럼 지금 두 번하면 되잖아."

카산드라는 얼른 모래시계를 쳐다보았다. 이제 시간은 4분 30초 남아 있었다.

"헬레노스, 서둘러."

헬레노스가 고개를 끄덕이고서 1초쯤 생각하더니 마침내 입을 열었다.

"세이렌은 아름다울 거야. 노랫소리도 마찬가지고."

카산드라는 속으로 한숨을 쉬었다.

'또 애매모호한 예언을 내어놓았어. 게다가 이건 예언이 아니라 있는 그대로의 사실을 말한 거잖아.'

아가멤논이 대번에 '뭐야?' 하는 표정을 지었다. 그러더니 헬레노스를 못마땅하게 쳐다보며 시답잖다는 티를 팍팍 냈다.

카산드라는 아가멤논의 반응에 짜증이 치밀었다.

'그래, 사실 헬레노스의 예언 실력이 아주 뛰어난 편은 아니야. 그래서 뭐 어쩔 건데? 저 애도 나름 최선을 다하고 있잖아! 나도 솔직히 헬레노스의 예언이 좀 변변찮다고 느낄 때가 있어. 하지만 나야 누나고 가족이니까 이러쿵저러쿵하는 거지. 다른 사람이 내 동생을 비난하는 건 못 봐줘.'

카산드라는 헬레노스에게 기운 내라는 듯 미소를 지었다. 이윽고 다시 페퍼민트 향이 느껴졌다.

"오, 이런!"

카산드라는 눈앞에 펼쳐지는 새로운 환상을 보며 탄식했다.

"왜 그래? 무슨 일이야?"

아테나가 다급히 물었다. 오디세우스가 걱정스러운 마음에 몸 둘 바를 모르는 것 같았다.

"오디세우스가 세이렌의 노랫소리를 들으려고 귀를 밀랍으로 막지 않을 거야."

카산드라는 자신이 본 환상을 담담히 말했다. 트로이 목마 때문에 아직 마음이 불편했지만 나쁜 소식을 전하면서 고소해하고 싶지는 않았다.

'내 예언 때문에 그런 일이 생기는 건 아니야. 내가 예언을 하든 안 하든 그 일은 일어나게 되어 있어.'

아폴론이 카산드라의 예언을 이어 받았다.

"그 대신 오디세우스는 부하들한테 자신을 돛대에 단단히 묶어 달라고 부탁할 거야! 그럼 암초를 향해 배를 돌진시키지 못할 테니까."

아폴론의 말이 끝나자마자 헬레노스가 끼어들었다.

"달과 별이 그 자를 환히 비춰 줄 거야."

"거 참, 멍청한 녀석 같으니라고!"

사람들 틈에 있던 한 노인이 중얼거렸다. 카산드라는 노인이 오디세우스를 두고 투덜댄 건지, 아니면 아무 쓸모도 없는 예언을 한 헬레노스한테 불만을 터뜨린 건지 알 수가 없었다.

"안 돼!"

아테나가 얼굴이 하얗게 질린 채 밖으로 달려 나갔다.

'올림포스 학교로 돌아가서 오디세우스를 도우려는 거라면 틀렸어. 이 일은 당장 몇 분 안에 일어날 일이니까.'

카산드라는 문득 안드로마케와 눈이 마주쳤다.

'안드로마케도 나만큼 혼란스럽나 봐. 우리 둘 다 여태까지 아테나를 싫어했잖아. 그런데 지금은 아테나가 안쓰러워.'

다시 페퍼민트 향기가 몰려왔다. 카산드라는 또박또박 예언을 전했다.

"오디세우스는 세이렌의 영역을 무사히 통과할 거야. 하지만 곧 머리가 여섯 달린 바다 괴물 스킬라와 거대한 소용돌이 카리브디스가 있는 해협을 지나게 될 거야."

예언을 마친 카산드라는 아쉬운 마음에 살포시 한숨을 내쉬었다.

'아테나가 조금만 더 기다렸다면 오디세우스가 세이렌한테서 안전하게 벗어난 걸 알게 되었을 텐데. 뭐 그렇다고 아테나가 내 예언을 믿을 리 없지만 말이야. 설사 믿더라도 얼마 가지 않잖아.'

카산드라는 구경꾼들을 둘러보았다.

'이 중에 내 말을 믿는 이가 있을까?'

다들 대회를 구경하느라 정신이 팔려서 카산드라를 거짓말쟁이로 여겨 왔다는 사실조차 잊어버린 듯했다. 카산드라는 속으로 씁쓸하게 말했다.

'얼마나 가겠어? 다들 곧 내 예언을 이상하게 기억하고 말텐데 뭐.'

이어 아폴론이 예언을 시작했다.

"오디세우스는 배가 난파되지 않도록 소용돌이를 조심스럽게 피해 갈 거야. 하지만 스킬라한테 선원 여섯을 잃고 말아."

무시무시한 예언이 전해지자 가게 안에 잠시 정적이 흘렀다. 카산드라도 그 장면을 상상하며 몸서리쳤다.

'어휴, 끔찍해! 아테나가 이 예언을 못 듣는 게 차라리 잘된 일 같아.'

이제 헬레노스의 차례가 되었다.

"오디세우스의 배는 태양신 헬리오스가 사는 섬에 이르게 될 거야. 그런데 오디세우스가 낮잠을 자는 사이, 부하들이 헬리오스의 신성한 가축을 훔치고 말아."

"오, 괜찮은데!"

아폴론은 헬레노스와 손을 짝 하고 마주쳤다. 카산드라도 헬레노스를 향해 활짝 웃었다.

'이야, 여느 때와 달리 정말 괜찮은 예언이었어!'

그러나 기뻐할 틈도 없이 다시 페퍼민트 향이 몰려들어 카산드라의 눈앞에 오디세우스의 고난을 펼쳐 보였다.

"헬리오스는 화가 난 나머지 다시는 태양 전차를 타고 하늘로 오르지 않겠다고 위협해. 결국 제우스 님이 벌을 주려고 오디세우스의 배에 번개를 내리꽂게 될 거야."

사방에서 탄식 소리가 터져 나왔다.

"오디세우스의 배는 가라앉고 말아."

아폴론이 황급히 예언하자 헬레노스도 나섰다.

"오디세우스는 살아남기 위해 발버둥 칠 거야."

그러자 구경꾼들이 모두 끙 하고 신음했다. 카산드라도 헬레노스의 예언이 당혹스러웠다.

'오디세우스는 지금까지 그 모든 시련을 다 이겨 냈는데 여기서 허망하게 죽고 마는 걸까? 결코 고향에 돌아갈 수 없는 운명인 걸까?'

구경꾼들이 모두 카산드라만 말똥말똥 쳐다보며 다음 예언을 기다리고 있었다.

카산드라는 그 어느 때보다 강렬한 페퍼민트 향기를 느끼며 여섯 번째 예언을 시작했다.

"오디세우스는 오기기아 섬으로 헤엄쳐 가서 님프 칼립소를 만나게 돼. 집착이 심한 칼립소는 오디세우스를 불멸의 존재로 만들어 영원히 곁에 두려 할 거야!"

아폴론이 깊이 심호흡을 하자, 카산드라는 문득 궁금해졌다.

'지금 아폴론도 어느 때보다 강한 계피 향을 느끼고 있을까?'

"오디세우스는 그곳에서 벗어나게 될 거야."

아폴론이 구경꾼들을 안심시키며 예언을 이었다.

"하지만 포세이돈이 삼지창으로 거대한 폭풍을 일으키고, 오디세우스는 해변까지 헤엄쳐 가게 돼."

올림포스 학교 학생들이 웅성거렸다. 아테나의 편이냐 포세이돈의 편이냐에 따라 잘했다고 기뻐하는 아이도 있고, 골을 내는 아이도 있었다. 카산드라는 오디세우스의 귀향 여행을 두고 아테나와 포세이돈 사이에 경쟁이 붙었다는 걸 알아차렸다.

"폭풍이 이는 동안 파도는 높고, 물살은 거칠 거야."

헬레노스가 다시 예언이라기보다 설명에 가까운 말을 했다.

카산드라가 일곱 번째 예언을 말할 차례가 되자, 가게 안의 분위기가 달라졌다. 모두가 흥분한 채 귀를 쫑긋 세웠다. 카산드라가 성공할 경우 아폴론의 예언대로라면 카산드라네 가족은 앞으로 7년 동안 행운을 누릴 수 있었다!

"오디세우스는 마침내 고향에 돌아가게 돼. 하지만 모두들 오디세우스가 죽은 줄 알고 있지. 게다가 이웃 귀족들이 오디세우스의 재산을 노리고 너도나도 페넬로페와 결혼하겠다고 경쟁하고 있어!"

땡! 땡! 땡!

카산드라가 모래시계를 바라본 순간, 7분이 끝났음을 알리는 종소리가 울려 퍼졌다.

'해냈어! 7분 안에 일곱 가지 예언을 했어!'

구경꾼들이 흥분해서 시끌벅적 떠들었다.

"아니, 그런 몹쓸 놈들이 있나? 그건 옳지 않은 짓이야!"

누군가 소리를 지르자 모두 아폴론을 휙 쳐다보았다. 다들 다음 예언을 듣고 싶어 발을 동동 굴렀다. 그러나 아폴론은 아무런 말이 없었다.

"이제 어떻게 되는 거예요?"

한 여자가 조바심을 내며 물었지만 아폴론은 고개를 절레절레 흔들 뿐이었다.

"아무것도 보이지 않아요."

카산드라는 다시 페퍼민트 향기가 느껴지기를 기다려 보았지만 소용없었다.

"나도 더 이상 미래가 보이지 않아."

헬레노스도 고개를 끄덕였다.

"나도 그래."

그러자 아폴론이 두 팔을 활짝 펴며 선언했다.

"카산드라가 마지막 예언을 내어놓았으니 승리는 카산드라의 것이에요!"

카산드라는 그제야 호메로스가 예언 대회 내내 오고가는 말을 모조리 받아썼다는 걸 알아차렸다.

'어머, 호메로스가 오디세우스의 모험 이야기를 쓰는 데 내가 도움을 준 셈이네. 기분 좋은걸!'

그때 아폴론이 알아들을 수 없는 말을 중얼거리며 카산드라 곁으로 다가섰다.

"기리돌되 주저 는없 억기."

카산드라는 놀라서 아폴론을 쳐다보았다.

"지금 뭐라고 했어?"

아폴론이 대답하려는 찰나, 바깥에서 꺅 하는 비명 소리가 들렸다. 불멸 쇼핑센터 안으로 마법 바람이 불어 들어와 안뜰과 회전목마 주위를 맴돌았다. 사람들은 머리카락과 옷자락이 날리지 않도록 붙잡느라 정신이 없었다. 이어 마법 바람이 서점 문을 덜컹덜컹 흔들자 누군가 문을 열어 주었다.

올림포스 학교에서
기별을 전하오.
머나먼 땅에 사는
영웅의 소식이요.

마법 바람은 조금 전까지 카산드라, 아폴론, 헬레노스가 예언 대회에서 말했던 내용을 그대로 다시 되풀이했다. 그러자 카산드라는 희망에 부풀었다.

'내 예언이 이루어졌다는 걸 확인했으니까 그동안 내가 사실만을 말해 왔다는 걸 모두가 믿어 주겠지?'

안타깝게도 카산드라가 바라는 일은 일어나지 않았다. 마지막 예언을 한 지 몇 분 지나지 않았는데 벌써 의심스럽다는 듯 수군대는 소리가 들렸다. 마법 바람이 전한 소식이 세 아이의 예언과 모조리 일치하는데도, 구경꾼들은 카산드라의 예언을 엉뚱하게 기억하고 있었다. 심지어 모두 다 거짓말이라는 불평마저 나왔다!

"아까 키르케가 오디세우스를 천상으로 보냈다고 예언했지? 그런데 사실 지하 세계로 갔대."

"그래, 그래 놓고 적들이 오디세우스의 재산을 이웃에게 나눠 주려고 했다고 하더구먼."

"카산드라가 또 헛다리를 짚은 거지. 그놈들이 오디세우스의 재산을 가로채려고 한다고 예언했잖아!"

'아윽!'

카산드라는 짜증이 폭발할 것 같았다.

'이럴 줄 알았어! 내 예언이 또 바뀌어 버렸잖아!'

카산드라는 아폴론을 힐끗 쳐다보았다. 그런데 아폴론은 카산드라보다 더 실망한 얼굴을 하고 있었다.

"카산드라, 미안해. 내 계획이 통하지 않았어."

카산드라는 어쩌겠냐는 듯이 어깨를 들썩였다.

"7년간 행운이 주어진다면 물론 좋겠지. 하지만 쉽게 얻은 건 쉽게 잃는 법이잖아."

카산드라는 더 이상 미련을 가지지 않는 자신이 놀라웠다.

'애당초 결과에 대한 기대가 별로 없었기 때문인지도 모르겠어.'

아폴론은 머리를 벅벅 긁으며 난처한 표정을 지었다.

"아냐, 내가 말하는 건 그런 게 아냐. 너한테 건 저주를 되돌릴 방법이 있는지 우리 학교 주술학 선생님한테 물어봤거든. 선생님은 예언 대회를 열어서 네가 일곱 가지 예언을 말하게 한 다음, '기억 없는 저주 되돌리기'를 거꾸로 말해 보라고 하셨어."

"아……."

카산드라는 순간 뭐라 말해야 할지 알 수가 없었다.

'나한테는 7년간의 행운이 날아갔다는 것보다 그 소식이 더 실망스러워! 그래도 날 도와주려고 그렇게까지 애썼다니, 아폴

론은 정말 자상해.'

"나한테 저주를 걸었던 일이 드디어 기억난 거야?"

카산드라가 묻자, 아폴론은 고개를 가로저었다.

"그러면 얼마나 좋을까? 저주를 확실히 되돌릴 수 있을 텐데 말이야. 그나마 한 가지 좋은 소식은 7년간의 행운이 여전히 유효하다는 거야. 그것만큼은 내가 현실로 이루어지게 할 수 있어."

"아, 그래? 잘됐다. 고마워."

카산드라는 방긋 미소를 지었다. 하지만 앞으로 영원히 아무도 자신의 예언을 믿지 않고 무시할 거라 생각하니 마음이 저릿저릿 아팠다.

'이렇게 거짓말쟁이나 재수 없는 애 취급을 받는 것도 지긋지긋해. 차라리 예언 능력을 포기하는 게 낫겠어!'

9 야단법석

 드디어 토요일, 오라클 오 제과 서점의 특별 행사가 열리는 날이다! 회전목마도 완성되어 손님 맞을 채비가 끝나 있었다. 카산드라는 행사가 시작되기 전에 마지막으로 엄마 심부름을 다녀왔다. 그리고 잠시 짬을 내어 회전목마를 구경했다.
 회전목마의 지붕에는 신들의 업적이 생생하게 그려져 있었다. 제우스가 티탄에게 번개를 날리는 장면, 헬리오스가 태양 전차를 타고 하늘을 가로지르는 장면이 가장 먼저 눈에 띄었다. 그런가 하면 한쪽 어깨에 부엉이를 태운 아테나가 뾰족한 투구를 쓰고, 방패와 긴 창을 갖추고서 전투에 나서는 모습도 보였다.

'우아, 보면 볼수록 감탄이 절로 나오네!'

한편 지붕 가장자리에는 알록달록한 꽃과 무지개, 귀여운 아기 고양이가 장식되어 있었다. 이번 주 내내 페르세포네와 이리스가 열심히 만든 작품이었다. 페르세포네와 하데스가 안뜰 기둥에 걸어 놓은 꽃 장식은 예쁘기도 예뻤지만 축제 분위기를 한층 더 살리고 있었다.

하지만 뭐니 뭐니 해도 카산드라는 회전목마의 동물 모형이 가장 마음에 들었다. 크기도 카산드라보다 더 큰 데다, 정성스럽게 페인트칠을 하고 광택을 낸 덕분에 반짝반짝 빛이 났다.

하지만 아테나의 목마 앞에 선 순간, 카산드라는 입술을 앙다물었다.

"안녕."

아테나의 목소리에 카산드라는 화들짝 놀랐다.

'앗, 구경하느라 바빠서 회전목마 주위에 아테나가 앉아 있는 걸 못 봤네.'

아테나도 지금 막 도착했는지 뒤꿈치의 날개에 샌들 끈을 감는 중이었다.

잠시 후 아테나가 자리에서 일어나 트로이 목마를 가리키며 물었다.

"내가 만든 목마야, 어때?"

"꼴 보기 싫어."

카산드라는 저도 모르게 속마음을 툭 내뱉고 말았다.

'아차, 말을 조심했어야 했는데! 아무도 없는 곳에서 여신을 욕하는 것과 그 여신 얼굴에 대고 쏘아붙이는 건 차원이 다른 문제니까!'

카산드라는 서둘러 자기 입장을 설명했다.

"저걸 보고 있으면 자꾸 전쟁이 떠올라. 그리고 사람들이 트로이 목마에 대한 내 예언을 떠올릴까 봐 걱정돼."

카산드라는 아테나의 눈치를 살피며 생각했다.

'무례하게 굴었다고 아테나가 날 박살내 버리는 거 아냐? 다행히 지붕에 그려진 그림처럼 전투복 차림은 아닌데 말이야.'

그런데 놀랍게도 아테나는 전혀 화난 것 같지 않았다. 오히려 카산드라를 바라보는 눈길이 한층 부드러워져 있었다.

"정말 미안해. 일부러 그런 건 아냐. 그 문제는 전혀 생각하지 못했어. 우리 불멸의 존재는 우리한테 닥친 문제를 해결하는 데 급급해서 세상 사람들이 어떻게 여길지 곧잘 잊어 버리는 것 같아. 내가 어리석었어. 올해 초 아빠가 날 올림포스 학교로 부르기 전까지만 해도 나 역시 내가 인간인 줄 알고 살았는데!"

카산드라, 원한다면 이 목마를 떼어 낼게."

카산드라는 머리를 세게 얻어맞은 기분이었다.

"목마를 떼어 내겠다고? 날 위해?"

아테나가 고개를 끄덕였다.

"네 맘을 상하게 하고 싶지 않아."

'이렇게까지 날 배려하다니. 내가 아테나를 정말 잘못 판단하고 있었어!'

카산드라는 말을 잇지 못한 채 멍하니 서 있었다. 그사이 아테나는 회전목마를 찬찬히 살폈다.

"흠, 목마를 떼어내면 동물 모형 사이에 빈 공간이 뻥 뚫리겠구나. 그럼 아빠가 탐탁지 않아 할 텐데."

아테나와 카산드라는 열 걸음 정도 떨어진 곳에 있는 매표소를 쳐다보았다. 표 판매를 직접 맡은 제우스가 회전목마를 타려고 몰려든 어린아이들과 신나게 어울리고 있었다.

제우스가 신호를 보내자, 줄 앞쪽에 서 있던 아이들이 우르르 달려 나와 개찰구를 지나, 각자 자기가 가장 좋아하는 동물 앞에 섰다. 이번 주 내내 회전목마를 만드느라 애썼던 올림포스 학교 학생들은 주위에서 방문객들과 이야기를 나누다가 아이들을 돕기 위해 가까이 다가갔다.

아폴론은 신이 나서 깔깔거리는 꼬마 여자아이를 까마귀 위에 태워 주었고, 디오니소스는 표범 위에 폴짝 올라탄 남자아이와 즐겁게 이야기를 나누었다. 아르테미스는 사슴 전차에 앉은 할머니에게 고삐를 건넸다. 모든 올림포스 학교 학생들이 자신의 작품을 다 함께 즐길 수 있도록 최선을 다해 도왔다.

그 광경을 바라보던 카산드라는 속으로 중얼거렸다.

'정말 멋져. 게다가 앞으로도 모두가 회전목마를 즐길 수 있게 쇼핑센터에 기증한다니 진짜 화통하잖아!'

그때 한 남자아이가 아테나에게 조르르 달려왔다.

"트로이 목마를 타고 싶어서 기다리고 또 기다렸어요."

남자아이는 말을 뱉기가 무섭게 등자에 발을 밀어 넣고 안장으로 몸을 날렸다. 그러고는 몰려든 구경꾼 속의 누군가에게 손을 흔들었다.

"엄마, 나 봐요!"

그러자 차례를 기다리고 서 있던 남자아이가 소리쳤다.

"그 다음 차례는 나야!"

이에 질세라 한 여자아이도 소리를 질렀다.

"그럼 그 다음은 나!"

아테나가 아무 말 없이 난감한 표정으로 카산드라를 바라보았다. 카산드라는 그 표정이 무엇을 뜻하는지 알 수 있었다.

'아, 아이들한테 이 말은 탈 수 없다고 말해야 할지 말지 내게 묻고 있는 거야. 내가 원한다면 정말로 떼어 낼 작정인가 봐.'

카산드라는 스스로에게 질문을 던졌다.

'내가 원하는 건 어느 쪽일까?'

카산드라가 망설이는 사이에 갑자기 회전목마가 움직이기 시작했다. 제우스가 작동 스위치를 누른 모양이었다. 아테나는 회전목마가 알록달록한 빛을 내며 돌기 시작하자 땅으로 뛰어내렸다. 그러자 아이들이 일제히 와 하고 함성을 질렀다.

카산드라는 씩 웃으며 고개를 흔들었다.

"아이들이 이렇게 즐거워하잖아. 축제 분위기를 망치고 싶지 않아. 네가 내 입장을 생각해서 기꺼이 목마를 떼어 내려 했다는 것만으로 충분해. 일부러 내 기분을 상하게 하려고 그걸……."

"만들지 않았어."

아테나가 진지하게 말했다.

"절대로. 진심이야."

카산드라는 아테나를 향해 환하게 웃었다. 그토록 오랫동안 품고 있던 분노가 사라지자 어째서인지 마음이 한결 가볍고 자유로워졌다.

"네 말 믿어."

잠시 후 호메로스가 서점 문 밖으로 나와 카산드라를 불렀다. 호메로스의 홍보 담당인 도로스 씨는 안뜰을 돌아다니며 방문객들에게 서점으로 가서 〈일리아드〉를 사라고 권하고 있었다. 하지만 아직까지 호메로스에게 관심을 보이는 이가 아무도 없었다.

"난 이제 그만 일하러 갈게."

카산드라가 손을 흔들며 가게로 달려가자 아테나도 활짝 웃으며 손을 마주 흔들었다.

"내가 부탁한 쿠키는 어디 있어?"

카산드라가 가까이 다가서자 호메로스는 짜증부터 냈다.

"바로 가져올게."

카산드라는 호메로스를 데리고 가게 안으로 들어섰다. 기다란 탁자 위에 파란색 리본으로 묶은 두루마리 책이 켜켜이 쌓여 있었다. 하지만 〈일리아드〉를 사기 위해 손님들이 줄을 서기는커녕 개미 한 마리도 보이지 않았다. 호메로스는 불안해서 어쩔 줄 몰라 했다.

카산드라는 제과점 쪽으로 쌩 달려가서 커다란 쿠키 바구니

를 집어 들었다. 바구니에는 안드로마케가 작가 사인회를 위해서 특별히 만든 파란색 장식 쿠키가 가득 담겨 있었다. 라오디케와 헬레노스는 쿠키를 파느라 바빠서 카산드라가 온 것도 알아차리지 못했다. 헤카베는 입가에 커다란 미소를 지은 채 〈주간 그리스 신문〉과 〈십대들의 두루마리〉 잡지 기자들을 맞이하고 있었다. 헤카베가 행사장 풍경을 그리고 있는 화가들에게 소리쳤다.

"그림에 꼭 우리 가게 간판이 들어가도록 해 주세요!"

헤카베는 정말 타고난 장사꾼이었다.

카산드라는 바쁘게 움직이고 있는 가족을 보며 생각했다.

'와, 엄마가 정말 행복해 하네! 라오디케 언니랑 헬레노스도 즐거워 보이고. 전쟁으로 산산조각 나 버린 트로이로는 돌아갈 마음이 없는 것 같아. 그럼 난? 난 아직도 돌아가고 싶은 걸까?'

카산드라는 처음으로 확신이 서지 않았다.

잠시 후 카산드라는 호메로스와 함께 서점으로 돌아와 두루마리 책이 쌓여 있는 탁자 앞에 앉았다.

"아직 한 권도 못 팔았어."

호메로스가 들릴락 말락 하게 중얼거렸다. 호메로스는 이러다 결국 책을 한 권도 팔지 못하는 사태가 벌어질까 봐 당황해

하는 것 같았다.

"걱정하지 마."

카산드라가 호메로스의 기운을 북돋아 주려 일부러 상냥하게 말했다.

"내가 예언하는데, 사인회는 대성공을 거둘 거야."

그런데 갑자기 어디선가 페퍼멘트 향이 풍겨 왔다. 그리고 곧이어 카산드라의 머릿속에 환상이 펼쳐졌다.

'얼굴에 화장을 한 양이 미친듯이 뛰어다니다니, 이게 뭐야? 에이, 오디세우스가 양의 배에 매달려 도망쳤던 게 요즘 화젯거리잖아. 그 이야기를 자주 듣다 보니 이런 이상한 환상이 떠오른 것뿐일 거야.'

카산드라는 방금 전에 본 환상을 애써 무시하기로 했다.

"어, 손님이 온다."

카산드라가 호메로스에게 속삭였다. 한 무리의 사람들이 서점에 들어와 탁자로 다가왔다.

호메로스는 희망에 부풀어 환하게 웃으며 사람들을 맞았다. 맨 앞에 서 있던 사람이 물었다.

"화장실 좀 써도 될까?"

호메로스의 얼굴이 대번에 침울해졌다.

카산드라가 화장실을 안내하는 사이, 한 여자가 호메로스 쪽으로 걸어가더니 두루마리 책을 빤히 쳐다보았다.

"네가 쓴 책이니?"

여자가 묻자 호메로스의 얼굴이 다시 밝아졌다.

"네!"

"혹시 네가 〈엘렉트라〉라는 희곡도 썼니? 난 그 책을 정말 좋아한단다!"

"아니요. 그 책을 쓴 사람은 에우리피데스예요. 제가 쓴 책은 〈일리아드〉고요."

여자가 인상을 찌푸리며 말했다.

"이리앗? 전차 경주 이야기인가 봐? 그런 책은 들어 본 적이 없는데? 하지만 그것도 재미있을 것 같네. 두 권 살게."

여자가 책을 사서 나가자 카산드라와 호메로스는 서로를 쳐다보았다.

"짜잔! 드디어 첫 책을 팔았어."

호메로스는 허공을 향해 주먹을 내질렀다.

"난 이제 진짜 작가가 된 거야!"

그러자 갑자기 사람들이 너도나도 〈일리아드〉를 사겠다고 우르르 줄을 섰다. 카산드라가 지난주에 환상 속에서 보았던 장면과 똑같았다.

대부분의 손님들이 〈십대들의 두루마리〉 잡지나 〈주간 그리스 신문〉에 난 전문가의 추천 기사를 보았다고 하자, 호메로스는 기뻐서 어쩔 줄을 몰랐다. 자세도 꼿꼿해지고, 콧대 높은 자존심도 서서히 되찾아가는 듯했다.

오디세우스는 어딜 가나 모두의 관심을 받았다. 손님들은 줄을 서서 기다리는 동안 호메로스가 다음 책에 오디세우스의 모험을 담을 거라는 소문을 열심히 주고받았다. 호메로스에게 사인을 받을 때 오디세우스가 무사히 고향으로 돌아가는지 물어보는 사람도 많았다.

"〈오디세이아〉가 나오면 직접 확인해 보세요."

호메로스가 애매하게 대답을 얼버무리면, 카산드라는 얼른 책값을 받고 출간 기념 선물인 파란색 장식의 오라클 쿠키를 건넸다. 손님들이 오라클 쿠키를 열 때마다 "당신은 〈일리아드〉의 팬이 될 거예요."라는 소리가 울려 퍼졌다. 운 좋게 쿠키 안에 있는 '책 무료 교환권'을 뽑아 다른 책 한 권을 선물로 받아가는 손님도 있었다.

한 시간 정도 지나자 준비해 놓았던 〈일리아드〉가 모두 동이 났다. 기자들은 마지막으로 한 번 더 인터뷰를 하자며 입이 귀에 걸린 호메로스를 서점에서 데리고 나갔다.

카산드라는 휴 하고 안도의 한숨을 쉬며 의자에 편안히 등을 기대고 앉았다. 저자 사인회가 무사히 끝나서 더할 나위 없이 행복했다.

"궁극의 창피 주기 복수 작전이 시작됐어."

갑자기 누군가 뒤에서 속삭였다.

카산드라가 깜짝 놀라 돌아보니 책 선반 사이로 안드로마케가 고개를 빼꼼 내밀고 있었다.

카산드라는 자리에서 벌떡 일어나 안드로마케를 서점 구석으로 끌고 갔다.

"저기 있잖아…… 그 애들을 직접 만나 보니까 생각이 많이 바뀌었어. 잘 모를 때는 쉽게 미워할 수 있었지만……."

안드로마케가 카산드라의 말을 잘랐다.

"너 지금 무슨 소리를 하는 거야?"

카산드라는 심호흡을 하고서 다시 입을 열었다.

"난 복수하지 않기로 결심했어. 화내는 것도 이제 지쳐. 화를 내면 낼수록 분통만 터질 뿐이야."

안드로마케가 눈을 휘둥그레 떴다.

"그럼 그렇다고 진작 말하지 그랬어. 다 널 위해서 한 일이란 말이야!"

카산드라는 어리둥절했다.

"날 위해서? 날 위해서 뭘 했다는 거야?"

안드로마케는 카산드라의 눈길을 피하며 중얼거렸다.

"그래, 널 위해서만은 아니야. 날 위해서이기도 했어."

카산드라는 가슴이 철렁 내려앉았다.

"빨리 말해 봐. 뭘 했는데?"

"지난 토요일에 레몬 향 예언 썼던 일 기억나지? 우리 둘이 재미있다고 깔깔거렸잖아?"

카산드라가 고개를 끄덕이자, 안드로마케가 우물우물 말을 이었다.

"내가 그걸로 일을 좀 벌였어."

카산드라는 입이 떡 벌어졌다.

"오 맙소사! 안드로마케, 너 설마 그 예언을 영웅학 게임 말판에 갖다 놓으라고 호메로스한테 준 거야?"

"어, 그런 건 아니야. 하지만……."

안드로마케가 하던 말을 멈추었다. 안뜰에서 갑자기 이상한 소리가 들려왔기 때문이다. 동물들이 우는 소리도 들리고, 사람들의 비명 소리 그리고 괴상한 웃음소리도 들렸다.

"오, 이런."

안드로마케가 죄책감이 드는지 한숨을 폭 쉬었다.

카산드라는 무슨 일이 벌어지는지 알아보기 위해 안드로마케를 데리고 문 밖으로 나섰다. 그 순간 아테나의 목마가 갈기를 휘날리며 두 아이 앞을 달려 지나갔다.

'목마가 웃고 있었어!'

저쪽에서는 판의 양이 클레오의 화장품 가게로 껑충껑충 뛰어가고 있었다. 안뜰 기둥 앞에서는 디오니소스의 표범이 페르세포네가 달아 놓은 꽃 장식 끝을 톡톡 치며 장난을 쳤다.

'맙소사, 동물 모형들이 살아서 날뛰고 있잖아! 겉모습은 모형 그대로인데 살아서 돌아다녀!'

동물 모형들은 쇼핑센터 전체를 들쑤시며 장난을 치고, 불멸의 존재와 인간은 그 뒤를 쫓아다니며 모형들을 다시 회전목마로 몰아넣느라 정신이 없었다.

카산드라는 놀라서 정신이 어질어질할 지경이었다.

"어째서 이런 일이 일어난 거지?"

안드로마케가 기어 들어가는 소리로 대답했다.

"내 잘못이야. 네가 쓴 레몬 향 예언을 조금 전에 올림포스 포스 학교 애들한테 나눠줬어. 그 애들이 창피를 당하게 되면 너도 나도 기분이 좋아질 거라 생각했거든."

카산드라는 자신의 예언이 하나하나 이루어져 가는 광경을 절망스럽게 지켜보았다. 먼저 판의 양이 입에 립스틱을 덕지덕지 묻힌 채 클레오의 화장품 가게에서 뛰쳐나왔다. 아프로디테가 그 뒤를 맹렬히 뒤쫓으며 소리쳤다.

"저 녀석이 클레오 언니네 립스틱을 모조리 동강 냈어! 초록색을 가장 좋아한 것 같아. 풀처럼 보였나?"

정신없이 양을 뒤쫓느라 아프로디테의 몸도 온통 립스틱 범벅이 되어 마치 어릿광대처럼 보였다.

"아프로디테는 우스꽝스러운 화장으로 창피를 당할 것이다."

카산드라는 토요일에 썼던 예언을 나직이 되뇌고서 결심을 굳혔다.

"우리가 도와야 해!"

안드로마케가 고개를 끄덕이며 카산드라를 따라 앞으로 달려 나갔다.

쾅!

두 소녀가 미처 손을 쓸 틈도 없이 아테나의 목마가 벽에 부딪히며 산산조각이 났다.

카산드라는 끙 신음했다.

'아테나의 목마가 저절로 부서질 거라는 예언도 이루어졌어.'

카산드라는 난리 속에서 아폴론을 발견했다. 아폴론은 충격을 받아 말이 나오지 않는지 입술만 달싹거리며 서 있었다.

"아폴론은 혼란 속에 말을 잃은 채 서 있을 것이다."

카산드라가 예언을 중얼거리자, 안드로마케가 그 말을 듣고 울먹이며 말했다.

"정말 미안해!"

카산드라는 안드로마케의 손을 살포시 잡았다.

"아니야, 내 잘못이기도 해. 애초에 레몬 향 예언을 글로 쓰지 말았어야 했어."

카산드라는 굳이 레몬 향 예언을 받아썼고, 안드로마케는 그걸 예언의 주인에게 나눠 주었으니 둘 다 잘못이 있었다.

잠시 후 동물 모형들이 하나하나 회전목마로 돌아갔다. 올림포스 학교 학생들이 열심히 쫓아다니며 주문을 건 덕분이었다. 동물 모형들이 제자리에 서서 자세를 취하자 언제 그랬냐는 듯이 모든 소동이 가라앉았다. 하지만 양의 입가는 립스틱 범벅이 되어 있었고, 아테나의 목마가 있던 자리는 뻥 뚫려 있었다. 무엇보다 불멸 쇼핑센터 전체가 난장판이 되었다.

카산드라는 곁에 있던 엄마와 제우스, 헤라를 불안한 눈으로 쳐다보았다. 내키지 않지만 이 사태에 대해 책임을 져야 했다.

'예언을 나눠 준 사람은 안드로마케지만, 그 예언을 쓴 사람은 나잖아.'

카산드라가 모든 사실을 털어놓으려는데 제우스가 갑자기 두 팔을 활짝 펼치며 외쳤다.

"정말 기발해! 최고의 행사를 이렇게 멋지게 마무리하다니! 내가 정말 대단한 생각을 해냈어."

이어 제우스는 헤라를 쳐다보며 말을 이었다.

"이제부터 당신이 손님 결혼식을 준비할 때 내가 직접 도와줘야겠소. 내가 함께하면 행사가 훨씬 흥미진진해질 것 같지 않아요?"

헤라가 신중하게 대답했다.

"그럴 것 같네요."

다행히 아무도 카산드라나 카산드라의 예언 때문에 이런 소동이 일어났을 거라 생각하지 않았다. 오히려 호메로스의 홍보 담당자가 언론의 관심을 끌려고 일을 벌였다거나, 제우스가 건 주문이 잠시 통제를 벗어났다고 여기는 듯했다. 원인이야 어찌 되었건 다들 이 소란이 행사의 일부라고 생각했고, 기자들은 신이 나서 기삿거리로 삼았다.

이윽고 불멸의 존재와 인간이 나란히 힘을 합쳐 불멸 쇼핑센터를 청소했다. 불멸의 존재가 마법을 부리면 사람들은 신기하게 쳐다보며 탄성을 터뜨렸다. 센터 곳곳에서 웃음소리가 울려 퍼졌다.

아테나가 목마 파편이 흩어진 곳으로 가더니 그 둘레를 한 바퀴 빙 돌며 주문을 외웠다.

> 조각조각 이어져라.
> 목마여 일어나
> 제자리로 돌아가라.

파편이 곧장 허공으로 붕 떠오르더니 빙글빙글 소용돌이치며 돌았다.

착!

갑자기 파편이 하나로 합쳐지면서 처음과 똑같은 목마 모형이 나타났다. 목마는 아테나의 지시를 따라 회전목마로 타박타박 걸어가더니 원래 자리에 얌전히 섰다.

아프로디테는 클레오의 화장품 가게로 들어가 두 팔을 높이

들고 살랑살랑 흔들며 주문을 외웠다.

> 빨간 립스틱, 하얀 파우더, 반짝반짝 아이섀도
> 아기자기, 오밀조밀, 원래 모습 찾아가요.

아프로디테의 주문이 떨어지자마자 깨진 거울이 도로 붙고, 동강 난 립스틱이 원래 모양을 되찾았다. 진열대에 쏟아진 아이섀도와 파우더도 허공으로 붕 떠오르더니 용기 속으로 사르르 들어갔다.

무기와 스포츠 용품을 파는 아세다스에서는 아폴론이 목청을 높여 주문을 외우고 있었다.

> 방패는 매끈하게
> 창끝은 뾰족하게
> 파괴된 시간이
> 기억나지 아니하게.

동물 모형이 날뛰며 망가뜨린 방패와 창이 기다렸다는 듯이 쫙 펴지며 다시 날카로운 빛을 발하고, 갑옷이 끼익끼익 소리를 내며 다시 맞춰졌다.

얼마 지나지 않아 모든 것이 정상으로 돌아왔고, 불멸 쇼핑 센터는 그 어느 때보다 더 반짝반짝 빛났다. 카산드라는 쇼핑 센터를 휘휘 둘러보았다. 모두가 행복한 얼굴로 이야기를 나누고 있었다.

'아, 이제 나한테는 이곳이 집이구나. 불멸의 존재든 인간이든 모두 다 좋은 이들이야. 서로 도와주려고 애쓰는 모습 좀 봐! 나도 노력하면 새 친구를 사귈 수 있을지 몰라.'

카산드라는 문득 아테나와 눈이 마주쳤다. 그러자 아테나가 카산드라에게 다가와 물었다.

"나랑 같이 올림포스 학교에 가 줄 수 있어? 오디세우스를 빨리 고향에 돌려보내야 하거든. 네가 도와주면 좋겠어."

아테나는 카산드라가 의심하고 있다고 생각했는지 얼른 말을 덧붙였다.

"아폴론은 네 예언을 믿어. 그렇다면 나도 당연히 믿을 수 있지."

카산드라는 기뻐서 가슴이 터질 것만 같았다. 근처에 있던 사람들이 그 소식을 듣고 우아 하고 탄성을 터뜨렸다. 올림포스 학교에 초대받는 건 인간들에게 엄청난 영예였다. 게다가 카산드라의 예언 능력을 인정해서 초대한다니 더욱 대단한 소식이었다!
 카산드라는 방긋 웃으며 대답했다.
 "그래! 기꺼이 갈게!"

10 예언 뒤집기

 세찬 바람이 카산드라의 귓가를 휑휑 스치자 카산드라의 머리카락이 화르르 나부꼈다. 카산드라는 작가 사인회를 마친 뒤 아테나, 아프로디테와 함께 올림포스 학교로 날아가고 있었다.
 아테나는 카산드라를 위해 매직 콰직에서 날개 샌들을 한 켤레 샀다. 카산드라는 인간이라 날개 샌들을 신어도 아무런 효과가 없었다. 하지만 아테나와 아프로디테가 양옆에 서서 손을 마주 잡자 뒤꿈치의 날개가 바로 파닥였다.
 나무 우듬지와 거대한 바윗덩이 위를 쌩하고 날아가는 동안, 카산드라는 고개를 이리저리 돌리며 주변을 구경하느라 정신이 없었다. 발아래로 펼쳐지는 풍경도, 날개 샌들의 엄청난 속도도 그저 놀랍기만 했다.

"우아, 이렇게 여행할 수도 있다니 정말 멋지다!"

세 소녀의 주변에는 올림포스 학교로 돌아가려는 학생들이 가득했다. 호메로스도 헤르메스의 택배 전차를 얻어 타고 바로 뒤에서 쫓아오고 있었다. 전차가 덜컹일 때마다 헤르메스는 전차 안에 가득한 소포 상자와 함께 이리 휘청, 저리 휘청거렸다.

카산드라는 아이들 틈에서 아폴론을 발견했다. 아폴론은 아르테미스의 전차에 친구 포세이돈, 아레스, 하데스, 페르세포네와 함께 앉아 있다가 카산드라를 향해 손을 흔들었다. 카산드라는 아테나, 아프로디테와 반드시 손을 잡고 있어야 해서, 손 인사 대신 함박웃음을 지었다. 그런데 어째서인지 아르테미스가 카산드라의 행동을 보고 인상을 찌푸렸다.

카산드라는 아르테미스가 왜 그런 반응을 보였는지 생각해 볼 겨를이 없었다. 여행이 거의 끝날 때가 되자 말로 표현할 수 없을 만큼 멋진 광경이 눈앞에 펼쳐졌기 때문이었다.

'아, 올림포스 학교다!'

카산드라는 제우스와 헤라의 결혼식 때 그곳을 이미 한 번 방문했다. 하지만 그리스에서 가장 높은 산봉우리에 자리한 올림포스 학교는 다시 봐도 소름이 끼칠 만큼 아름다웠다.

잠시 후 카산드라는 아테나, 아프로디테의 손을 잡고 학교 안뜰에 내려섰다.

"곧장 영웅학 교실로 가도 되지?"

아테나가 물었다.

'어머, 아테나가 스트레스를 많이 받나 보네. 하긴 한 영웅의 운명이 우리 손에 달렸는데 아무렇지도 않다면 그게 더 이상하지!'

카산드라는 아테나와 아프로디테를 따라 학교 건물 안으로 들어가서 긴 복도를 지났다.

'우아, 그동안 올림포스 학교가 얼마나 아름다운지 까마득히 잊고 있었어!'

바닥에 깔린 대리석 타일은 반짝반짝 빛나고, 곳곳에서 황금 분수가 시원하게 물을 뿜어냈다. 둥근 천장에는 여러 신과 그들의 영광스러운 업적들이 가득 그려져 있었다. 그중 하나는 횃불과 창을 들고 올림포스 산으로 몰려온 거인들과 제우스가 전투를 벌이는 그림이었다. 또 제우스가 네 마리 백마가 끄는 전차를 몰고 하늘을 가로지르면서 번개를 던지는 그림도 있었다.

잠시 후 세 소녀는 영웅학 교실에 도착했다. 포세이돈, 아르테미스, 아폴론과 불멸 쇼핑센터에서 돌아온 학생 몇몇도 함께 교실 안으로 들어섰다. 카산드라는 아이들을 따라 교실 한가운데 놓인 게임 말판으로 가서 지도를 찬찬히 살펴보았다.

'아, 이게 말로만 듣던 영웅학 게임 말판이구나. 진짜 크다!'

아테나가 오디세우스 조각상을 가리켰다. 오디세우스는 아직 이타카 부근을 돌아다니고 있었다.

"예언 대회에서 네가 마지막 예언을 한 뒤로 거의 움직이지 않았네."

아테나는 한결 마음이 놓이는 모양이었다. 이어 아테나는 해변에 정박해 있는 배 한 척을 가리켰다.

"아, 저 배의 선원들이 오디세우스를 고향까지 데려다줬구나. 고맙다는 표시로 저 마음씨 좋은 사람들을 도와줘야겠어."

아테나가 어떤 방식으로 도우면 좋을까 곰곰이 생각하는 사이, 포세이돈이 그 배를 향해 삼지창 끝을 겨누고 뭐라고 주문을 걸었다. 그러자 배가 갑자기 휙 돌아서 암초를 향해 나아갔다.

포세이돈이 겁에 질린 선원들에게 외쳤다.

"오디세우스를 도운 벌이야!"

아테나와 아프로디테는 포세이돈을 매섭게 노려보았다.

"너 진짜 못됐다!"

아테나가 매섭게 쏘아붙이자 포세이돈이 능글능글 웃으며

대꾸했다.

"좋은 성적을 받으려면 최선을 다해야 하잖아!"

카산드라는 그 광경을 놀란 눈으로 지켜보았다.

'불멸의 존재가 인간의 앞날을 이런 식으로 인도한단 말이야? 그때그때 기분에 따라서? 너무 즉흥적이잖아! 하긴 내일 무슨 일이 벌어질지 아무도 모르는 게 인생이니까.'

아테나가 포세이돈한테서 눈길을 돌리고 카산드라를 바라보았다.

"마지막 예언에서 오디세우스가 이타카에 도착했더니 자신이 전쟁에서 살아남은 걸 다들 알고 있더라고 했지?"

아프로디테가 나름 도와주려고 한마디 거들었다.

"그리고 이웃 귀족들이 오디세우스의 재산과 아내 페넬로페를 지켜 주려고 애쓰고 있다고 했잖아."

카산드라의 표정이 확 어두워지자 아테나가 얼른 물었다.

"우리가 또 이상하게 기억하고 있어?"

카산드라는 고개를 끄덕였다.

"완전 반대로 기억하고 있어."

예언을 들은 지 벌써 몇 시간이 흘렀으니 아테나와 아프로디테가 엉뚱하게 기억하는 것도 당연했다. 카산드라는 다시 정성스럽게 설명해 주었다.

"이타카 사람들은 오디세우스가 죽은 줄 알아. 그래서 이웃 귀족들이 오디세우스의 재산과 아내를 빼앗으려 하고 있어."

아폴론이 셋의 대화에 끼어들었다.

"카산드라 말을 믿어야 해."

아테나와 아프로디테는 망설이듯 아폴론과 카산드라를 번갈아 쳐다보았다. 그러다 아테나가 결심한 듯 말을 꺼냈다.

"알았어, 카산드라의 말을 믿고 거기에 맞춰서 대처할게. 카산드라, 혹시 다음엔 어떤 일이 일어날지 알고 있어?"

카산드라가 모른다고 대답하려는 순간, 어디선가 갑자기 페퍼민트 향이 느껴졌다.

"오디세우스는 아테나의 도움을 받아 늙은 거지로 모습을 바꾸고서 상황을 살필 거야."

아테나와 아프로디테가 헉하면서 숨을 죽였다. 카산드라가 이렇게까지 빨리 예언을 내놓을 줄은 예상하지 못했던 모양이었다.

"서두르자! 기억이 바뀌기 전에 얼른 움직여야 해."

아프로디테가 재촉하자 아테나가 고개를 끄덕이며 오디세우스를 재빨리 늙은 거지로 변신시켰다.

카산드라의 머릿속에는 점점 더 많은 환상이 나타났다.

"페넬로페는 재혼할 마음이 없어. 아직도 오디세우스를 사랑하고 있거든."

그러자 아프로디테가 탄식을 터트렸다.

"아, 그럴 줄 알았어!"

카산드라는 계속해서 예언을 이어 나갔다.

"하지만 결혼을 하고 싶어 하는 사람들이 끈질기게 매달리자 페넬로페는 결국 조건을 내걸게 돼. 오디세우스의 활에 시위를 걸고, 열두 개의 도끼 자루 구멍 사이로 화살을 통과시키는 자가 자신과 결혼해서 이타카의 새로운 왕이 될 거라고 말이야."

카산드라가 예언을 하면 호메로스는 그것을 부지런히 받아 썼고, 아테나는 예언을 참고하여 패를 움직였다.

"그래서 어떻게 되는데?"

카산드라가 잠시 말이 없자 호메로스가 숨넘어갈 것처럼 재촉했다.

"성공해!"

카산드라가 느닷없이 소리를 질렀다.

"오디세우스가 보란 듯이 활에 시위를 걸고, 열두 개의 구멍 사이로 화살을 통과시킬 거야! 그러고는 다시 아내와 나라를 되찾을 거야!"

카산드라가 예언을 마치자 교실 안에 잠시 정적이 흘렀다. 얼마 후 오디세우스의 길고도 험난한 여정이 드디어 끝을 맺었다는 사실을 깨달은 순간, 모든 아이들이 와 하고 소리를 지르며 아테나에게 박수를 보냈다. 심지어 포세이돈까지 어깨를 들썩이며 빙그레 웃었다.

"어쨌든 A는 받을 거니까 괜찮아. 꼭 A 플러스가 필요한 것도 아니고 말이야."

아테나는 얼른 카산드라를 꼭 끌어안았다.

"네가 없었으면 해내지 못했을 거야."

"됐어!"

호메로스가 두루마리를 둘둘 말며 소리쳤다.

"오늘 〈일리아드〉가 다 팔리자마자 출판사에서 빨리 다음 책을 쓰라고 재촉하더라고. 오디세우스가 고향에 안전하게 돌아왔으니 내 첫 번째 원고가 완성된 셈이야! 난 원고를 다듬을 시간이 없고, 독자들은 한시라도 빨리 〈오디세이아〉를 읽고 싶다고 난리를 피울 테니, 그냥 이대로 책을 내는 수밖에."

호메로스의 말에 아테나가 영 불안한 눈치를 보였다.

"원고를 꼼꼼히 읽고 다듬어야 실수를 막을 수 있는 거 아냐?"

호메로스는 너무 흥분해서 아테나의 말이 들리지 않는 듯했다. 하지만 아테나의 말을 슬쩍 귀담아 듣고 있었는지 호메로스는 아테나를 쳐다보며 이렇게 말했다.

"이번에는 너랑 트로이 목마에 대한 이야기를 넣을게. 지난번에 빠트려서 미안해."

이번에는 아테나가 카산드라의 눈치를 살피며 물었다.

"그래도 괜찮겠어?"

카산드라는 고개를 끄덕였다.

"다 지난 일인걸. 난 이제 괜찮아."

카산드라는 속으로 조용히 덧붙였다.

'백 퍼센트는 아니고 구십 퍼센트쯤. 전쟁도 트로이 목마도 내겐 언제까지나 쓰라린 기억으로 남을 거야. 하지만 지나간 일을 돌아보며 불행해하는 것도 지긋지긋해. 난 이제부터 앞날을 바라보며 나아갈 거야! 안드로마케처럼 트로이 출신의 오랜 친구도 있고, 올림포스 학교와 불멸 쇼핑센터에서 만나게 될 새로운 친구들이 가득한 미래를 만들어 갈 거라고!'

"자, 난 이제 가 봐야겠어! 헤르메스의 전차를 타고 불멸 쇼핑센터로 가려면 지금 나서야 해."

호메로스가 자리에서 일어서더니 카산드라를 쳐다보았다.

"카산드라, 그럼 몇 주 뒤에 보자."

"엉? 왜?"

"말했잖아. 출판사에서 〈오디세이아〉를 당장 내고 싶어 한다니까. 네 어머니께서 〈오디세이아〉가 출간되면 곧바로 새로운 행사를 열겠다고 하셨어. 그때 네가 곁에서 날 도와줘야지. 넌 내 행운의 부적이잖아!"

카산드라는 '행운의 부적'이란 말이 더할 나위 없이 듣기 좋았다.

"기꺼이 도와줄게!"

카산드라는 시간이 꽤 늦었다는 것을 깨닫고 아테나에게 말했다.

"엄마 이야기가 나와서 말인데, 이제 집에 가야 해. 조금 있으면 해가 질 텐데, 엄마가 걱정하실 거야."

그러자 아르테미스가 선뜻 나섰다.

"내가 전차로 데려다줄게."

"길동무가 필요하지 않아?"

아폴론이 싱글거리며 묻자, 아르테미스가 고개를 가로저으며 말했다.

"안 돼. 오늘 여러 명을 태우고 불멸 쇼핑센터를 오가느라 사슴들이 꽤 지쳤어. 승객이 여럿이면 속도가 느려질 거야."

카산드라는 아르테미스를 따라 올림포스 학교 안뜰로 나갔다. 아테나와 아폴론도 배웅하러 따라 나왔다.

바깥에는 이미 땅거미가 뉘엿뉘엿 지고 있었다. 아르테미스가 삐익 하고 휘파람을 불자 숲에서 황금 뿔 달린 사슴 두 마리가 튀어나왔다. 아르테미스는 서둘러 사슴에게 고삐를 매고 떠날 채비를 했다.

"저주를 되돌리지 못해서 정말 미안해."

아폴론이 시무룩한 얼굴을 하자, 아테나가 아폴론의 등을 툭툭 두드리며 말했다.

"아폴론, 넌 최선을 다했어."

카산드라는 그 둘을 바라보며 생각했다.

'아테나 말이 옳아. 아폴론은 잘못을 되돌리려고 최선을 다했어. 나도 인정해. 그러니까 아폴론이 속상해하지 않았으면 좋겠어.'

카산드라는 어설프게나마 농담을 건네기로 했다.

"괜찮아. 거짓말쟁이 취급 받는 것도 익숙해지면 할 만 해."

실제로 영웅학 교실에서 예언을 했을 때에도 시간이 어느 정

도 흐르자, 아이들 사이에서 카산드라의 예언이 틀렸다는 소리가 흘러나왔었다.

카산드라는 스스로를 다독였다.

'그래도 아폴론은 날 믿어 줬어. 아테나도 믿은 것 같고. 아프로디테, 아르테미스, 페르세포네도 의심하지 않으려고 무척 애썼던 것 같아.'

"아니야, 괜찮지 않아."

아폴론은 짜증스러운 듯 괜히 튜닉 호주머니에 손을 푹 쑤셔 넣으며 말을 이었다.

"카산드라 넌 정말 착한 애야. 섭섭한 대우를 받을 이유가 하나도 없어. 아, 이럼 어떨까? 네 예언을 무조건 믿도록 모두에게 주문을 거는 거야."

그러자 아테나가 고개를 절레절레 흔들었다.

"세상 모든 인간과 불멸의 존재 한 명 한 명한테 다 주문을 건다고? 그건 불가능해."

아폴론도 물러서지 않았다.

"어쨌든 난 포기하지 않을 거야. 반드시 그 쿠키를 아니, 저주를 바꾸고 말겠어."

아폴론의 말실수에 아테나와 카산드라는 풋 하고 웃음을 터뜨리다가 갑자기 뭔가를 깨달은 듯 서로를 바라보았다. 두 소녀의 눈이 반짝반짝 빛났다.

"쿠키를 바꾼다!"

카산드라가 외쳤다.

"쿠키의 운명을 바꾸는 거지!"

아테나도 소리쳤다.

"바로 그거야!"

두 소녀가 동시에 소리를 지르자, 아폴론이 얼떨떨해 하며 물었다.

"그게 무슨 소리야?"

"나도 무슨 소리인지 모르겠어."

아르테미스가 어느새 곁에 와서 툭 한마디를 던졌다.

아르테미스와 아폴론이 말똥말똥 쳐다보자, 아테나와 카산드라는 둘의 기막힌 계획을 대강 일러 주었다.

먼저 아테나가 눈을 반짝반짝 빛내며 설명했다.

"앞으로 카산드라가 환상을 보면 그 내용을 반대로 예언하는 거지."

아르테미스가 당황해서 되물었다.

"예언을 일부러 거짓으로 한단 말이야?"

카산드라가 고개를 끄덕이며 대답했다.

"응! 하지만 다들 날 거짓말쟁이라고 생각하니까, 내가 쓴 내용을 반대로 믿게 되겠지. 그럼 실제로는 진짜 예언을 믿게 되는 거잖아!"

이어 카산드라는 아폴론을 쳐다보며 물었다.

"이 방법이 통할까?"

아폴론은 예언을 이리 뒤집고 저리 뒤집는다는 말에 잠시 헷갈려하더니 이내 고개를 끄덕였다.

"효과가 있을 것 같아!"

다음 순간 카산드라가 눈을 동그랗게 떴다. 이내 페퍼민트 향기가 느껴지더니 카산드라의 눈앞에 하얀 상자가 나타났다. 상자 위에 '카산드라의 오라클 반사 쿠키'라는 예쁜 글씨가 보였다.

카산드라는 들떠서 저도 모르게 목청을 높여 소리쳤다.

"새 쿠키의 이름은 '오라클 반사 쿠키'가 될 거야!"

아폴론이 손을 내밀더니 카산드라와 손뼉을 짝 마주쳤다.

"우아, 멋진데? 어떻게 그렇게 빨리 이름을 생각해 냈어? 완벽해."

카산드라와 아폴론은 한동안 서로를 가만히 바라보았다.

'우아, 아폴론은 정말 예쁜 눈을 가졌구나. 만약에, 정말 만약에 내가 아폴론의…….'

"에헴!"

아르테미스가 짐짓 헛기침을 하며 분위기를 깼다.

"이제 그만 가야지. 이러다 내 사슴들이 완전히 지쳐 버리겠어."

"아, 그렇지. 미안."

카산드라는 아폴론 앞에서 머뭇머뭇 물러나 아르테미스와 함께 전차에 올랐다. 전차가 하늘로 붕 떠오르자 카산드라는 아테나와 아폴론에게 열심히 손을 흔들어 작별 인사를 했다.

한동안 두 소녀는 아무 말 없이 구름을 가르며 노을이 물들어 가는 하늘을 날았다.

마침내 아르테미스가 입을 열더니 카산드라에게 충격적인 이야기를 건넸다.

"내 동생 마음을 가지고 장난치지 말아 줘. 난 그 애 맘을 알아. 아폴론은 널 좋아해. 난 부디 네가 아폴론한테 마음이 없다면 일부러 좋아하는 척하지 말았으면 해. 안 그러면 아폴론은 결국 상처만 받게 될 거야."

카산드라는 너무 놀라 머리가 어질어질했다.

'아폴론이 날 좋아한다고? 아르테미스가 정말 아폴론의 마음을 알고 저런 소리를 하는 건가? 하긴 쌍둥이니까 알 수도 있겠다.'

아르테미스가 이야기를 이었다.

"아폴론은 내내 연애 운이 없었어. 음, 정확히 말하면 짝사랑 운이겠구나. 예전에 아폴론이 다프네라는 애를 좋아한 적이 있거든? 그런데 다프네가 아폴론이랑 사귀느니 차라리 나무가 되겠다며 월계수로 변해 버렸어. 그건 시작에 불과하고 사연이 많아. 그러니 부탁인데 내 동생 마음을 가지고 놀지 말아 줘."

"절대 그러지 않을게."

카산드라는 굳게 약속했다.

'며칠 전만 해도 만약 그런 기회가 온다면 앙갚음할 수 있다는 생각에 얼씨구나 했을 거야. 하지만 이제는 그런 생각이 사라졌어.'

아폴론의 불운했던 연애, 아니 짝사랑 이야기를 듣고 나니 카산드라는 아폴론이 영 안쓰러웠다.

'아니, 아폴론 같은 애를 싫다고 하다니, 무슨 그런 바보 같은 애들이 있어? 내 눈에는 멋져 보이기만 하는걸. 게다가 우린 큰 공통점이 있잖아. 예언을 한다는 것 말이야!'

그 순간 카산드라에게 문득 떠오르는 얼굴이 있었다.

'아가멤논. 그 애가 나한테 장난을 걸 때는 정말 싫었어. 장난을 넘어 괴롭히려는 의도가 느껴졌으니까. 하지만 아폴론이 농담을 할 때는 날 즐겁게 해 주려는 마음이 느껴져. 그래, 난 아폴론이 좋아. 아폴론도 정말 아르테미스의 말처럼 날 좋아하는 걸까?'

아르테미스가 불멸 쇼핑센터 앞에 내려주자 카산드라는 집으로 쌩 달려갔다. 올림포스 학교를 다녀왔다는 기쁨에 몸도 마음도 날아갈 듯 가벼웠다. 쇼핑센터의 영업시간이 끝난 시간이라 가게의 불은 꺼져 있었다. 카산드라는 가게 안쪽 사무실에서 불빛이 흘러나오는 걸 보고 그쪽으로 갔다. 헤카베가 혼자 남아 장부를 정리하고 있었다.

카산드라는 엄마의 책상 끝에 털썩 걸터앉았다. 그러고는 두 눈을 반짝반짝 빛내며 어떤 일이 있었는지 전했다. 카산드라는 헤카베에게 오라클 반사 쿠키를 만들게 해 달라고 허락을 구했다.

"나머지 제빵 일도 열심히 할게요, 약속해요. 그러니까 엄마, 허락해 주세용용용? 넹? 넹? 넹?"

카산드라는 애교를 부리며 헤카베의 눈치를 살폈다.

'여느 때처럼 내가 예언하는 걸 반대하실까?'

카산드라는 숨을 죽이고 엄마의 대답을 기다렸다.

생각에 빠져 있던 헤카베의 얼굴에 서서히 미소가 퍼졌다.

"오, 카산드라! 정말 근사한 생각이구나."

헤카베는 사업 감각이 뛰어난 편이었다. 카산드라는 그런 엄마의 대답을 듣자 자신감이 확 솟았다.

"정말요? 야호!"

카산드라는 책상에서 폴짝 뛰어내려 빙글빙글 돌며 춤을 췄다. 그러고는 후다닥 뛰어가 엄마를 꼭 끌어안았다. 그러자 헤카베가 말했다.

"카산드라, 내가 예언하는데, 새 쿠키는 없어서 못 팔만큼 잘 팔릴 거야."

"엄마, 내가 예언하는데, 엄마 예언이 반드시 이루어질 거예요!"

카산드라와 헤카베 모녀는 서로를 끌어안고 한참을 신나게 웃었다.

어느 정도 웃음이 잦아들자 헤카베가 말했다.

"카산드라, 네가 맡았던 제빵 일 말인데, 그렇지 않아도 안드로마케가 우리 가게에서 아르바이트를 해도 되냐고 물어보더구나."

'아, 맞다! 안드로마케를 잊고 있었네!'

카산드라는 안드로마케에게 올림포스 학교에서 있었던 일과 오라클 반사 쿠키를 만들게 되었다는 소식을 전하고 싶어 좀이 쑤셨다.

'올림포스 학교 아이들과 친구가 되어서 기뻐. 다음에 그 애들이 쇼핑센터에 놀러 오면 난 기꺼이 반겨 줄 거야. 하지만 안드로마케는 오래전부터 알고 지낸 친구잖아. 우린 서로를 정말 잘 이해하는걸. 빨리 안드로마케를 만나서 복수 작전 때문에 화나지 않았다고 말해야겠어.'

카산드라는 서둘러 문으로 향했다.

"엄마, 나 안드로마케 만나러 가요. 이따 봐요!"

서두르던 카산드라가 갑자기 멈칫하며 고개를 돌리고 헤카베를 쳐다보았다.

"엄마, 있잖아요. 난 이제 이곳이 그렇게 싫지 않아요."

카산드라는 용기를 내어 속마음을 털어놓았다.

"난 트로이의 공주였고, 지금도 마찬가지예요. 하지만 더 이상 공주처럼 굴 필요가 없죠. 늘 모든 예의와 법도를 지키며 지내는 거 솔직히 좀 피곤했어요. 화려한 파티에 참가하기 위해 몸치장하느라 시간을 끝도 없이 허비하는 것도 싫었고요. 트로이에서도 친구는 있었지만 내가 같이 놀고 싶은 아이들하고는 어울릴 수가 없었어요. 그런데 여기서는 내가 직접 친구를 고를 수 있잖아요. 그 점이 정말 좋아요."

헤카베의 얼굴이 환해졌다.

"오, 카산드라. 그럼 이제 너도 여기서 사는 게 좋다는 거니? 여기 머물고 싶어?"

"네! 그리고 엄마, 이제 안드로마케가 우리 가게에서 아르바이트를 할 거잖아요. 그럼 제가 서점을 담당해도 되지 않을까요? 새 쿠키를 만들기 위해 예언을 쓰거나 학교에 갈 때 빼고 말이에요."

"그거 좋은 생각이구나! 이번에 보니 네가 조수 역할을 충실히 해 줘서 호메로스가 감동한 것 같아. 조만간 다른 작가와도 행사를 열게 될 거야. 그때도 잘 해낼 수 있지? 오, 카산드라. 네가 정말 자랑스럽구나."

카산드라는 엄마의 칭찬을 듣고 함박웃음을 지었다. 그때 갑자기 아주 강렬한 페퍼민트 향기가 느껴지며 환상이 나타났다. 환상 속에서 카산드라는 안드로마케와 함께 오라클 반사 쿠키를 담을 특별 상자를 디자인하고 있었다. 이어 쿠키를 사기 위해 사람들이 구름같이 몰려드는 장면도 보였다.

'우아! 이 환상이 어서 빨리 현실로 이루어졌으면 좋겠어!'

환상이 끝나자 카산드라는 헤카베에게 손을 흔들어 인사하며 가게 문을 나섰다.

"엄마, 그럼 전 안드로마케를 만나러 갈게요."

카산드라는 홀가분한 마음에 길을 가다 깡충깡충 뛰기도 하고 한 바퀴 빙글 돌기도 했다.

'아, 이런 행복한 기분은 정말 오랜만에 느껴. 멋진 소년 신이 날 좋아하고, 호메로스와 엄마한테 행사 준비를 잘 해냈다고 인정받았고, 게다가 서점에서 내가 좋아하는 일까지 하게 되었는걸! 새로운 쿠키를 출시하게 된 건 말할 것도 없지. 아, 난 불멸 쇼핑센터에서 가장 운이 좋은 아이야!'

뒷이야기

며칠 뒤 어느 날 아침, 학생들로 북적이는 올림포스 학교 식당에 헤르메스가 하얗고 예쁜 상자 하나를 배달했다. 상자에는 다음과 같은 글귀가 인쇄되어 있었다.

카산드라의 오라클 반사 쿠키

불멸 쇼핑센터 내 오라클 오 제과 서점

가장 먼저 아테나와 세 친구가 상자에서 쿠키를 집어 들었다. 아, 정확히 따지자면 쿠키가 아이들을 선택했다. 각자에게 해당되는 쿠키가 거의 손 안으로 뛰어 들어가다시피 했으니까.

아테나와 친구들이 늘 앉는 자리로 가는데 파마가 누군가에게 떠드는 소리가 들려왔다.

"오라클 오 제과 서점 신상품인데 날개 돋친 듯이 팔린대."

"엄청 잘됐지 뭐니?"

목소리를 들어 보니 이야기 상대는 판도라가 분명했다.

카산드라가 출시한 새로운 쿠키 때문에 올림포스 학교 전체가 신이 나서 술렁댔다. 카산드라가 지난번에 보냈던 쿠키에는 예언 쪽지가 들어 있었지만, 이번에는 오라클 반사 쿠키가 직접 예언을 전했다.

아테나가 포장을 풀자 쿠키가 속삭였다.

"당신은 오늘 F 마이너스를 받게 될 거예요."

아테나가 싱글벙글하며 외쳤다.

"야호! F 마이너스의 반대는 A 플러스잖아!"

실제로 아테나는 1교시 영웅학 수업 때 오디세우스 과제에 대한 평가로 키클롭스 선생님으로부터 A 플러스를 받았다. 영웅학 수업 과제는 인간 조종 능력, 영웅에게 부여한 재난의 규모, 신속한 구조 작전으로 평가되는데, 아테나는 세 항목 모두 1등이었다.

아프로디테의 쿠키는 "당신의 마음은 상처 입게 될 거예요."

라고 예언했다. 아니나 다를까, 그날 방과 후 아프로디테는 남자 친구 아레스로부터 하트 장식이 달린 목걸이를 선물 받았다.

아르테미스의 쿠키는 "오늘 당신이 쏜 화살은 모조리 과녁을 빗나갈 거예요."라고 했다. 물론 그럴 일 없으리라는 뜻이었다.

페르세포네의 쿠키는 "당신의 엄지는 올림포스 학교 다른 학생들보다 항상 더 붉을 거예요."라고 말했다. 반대로 해석하면, 페르세포네의 초록 엄지가 언제나 그렇듯 어떤 학생들보다도 더 아름다운 꽃과 식물을 길러 내리라는 뜻이었다.

아폴론이 아테나 일행과 가까운 곳에서 쿠키를 꺼낸 덕분에 네 여신은 모두 아폴론의 예언을 들을 수 있었다.

"당신은 카산드라를 만나러 불멸 쇼핑센터에 절대 가지 않을 거예요."

그러자 아폴론이 중얼거렸다.

"흠, 난 오늘 당장 가서 오라클 반사 쿠키를 다들 얼마나 좋아하는지 말해 줄 작정인걸."

이어 아폴론은 혼란스러운 표정을 지으며 아프로디테에게 물었다.

"혹시 이 예언에 담긴 다른 뜻을 내가 못 알아들은 거야?"

아테나는 속으로 중얼거렸다.

'어휴, 사랑의 여신인 아프로디테에게 물어볼 생각을 한 게 어디야.'

아프로디테가 뭐라고 대답하기도 전에 아르테미스가 어이없다는 듯이 눈을 굴리며 짓궂은 미소를 지었다.

"이런 답답이를 봤나! 그 예언은 카산드라가 널 좋아한다는 말을 전한 거야. 너랑 데이트하고 싶다는 뜻이라고."

아폴론의 눈이 서서히 휘둥그레지더니 기쁨으로 반짝반짝 빛났다.

"진짜?"

아폴론은 허공을 향해 주먹을 내지르며 소리쳤다.

"야호! 오늘 운수대통인걸!"

옮긴이의 말

 이 이야기에는 아주 많은 인물이 나오고, 각자의 사연이 복잡하게 얽혀 있습니다. 그중에서 카산드라를 둘러싼 인물들은 하나같이 가슴 아픈 일을 겪은 사람들이지요. 사람은 살다 보면 누구나 크고 작은 일들로 상처를 받게 됩니다. 어떤 일은 잘 해결되기도 하지만, 끝까지 쓰라린 기억으로 남는 일도 있지요. 상처 받는 일 자체를 피할 길은 없는 것 같아요. 대신 상처 앞에서 어떤 선택을 할 것인지가 중요하겠지요.

 이 책의 주인공 카산드라는 자신에게 상처를 준 트리플 A를 향해 분노하고, 미워하고, 슬퍼한 끝에 결국 다시 한번 새로운 걸음을 떼기로 결심합니다. 상처는 상처대로 둔 채 말이죠. 여러분도 누군가에게 혹은 어떤 일 때문에 상처를 받았다면, 그대로 주저앉지 말고 카산드라처럼 용기를 내어 전진하시길 바랍니다. 그러면 깊게 패였던 상처도 점차 아물기 시작할 거예요.

한편 이번 이야기에서 카산드라만큼이나 우리의 눈길을 끄는 인물들이 있습니다. 바로 아폴론과 아테나예요. 아폴론과 아테나는 의도하지는 않았지만 카산드라에게 상처를 준 자신의 잘못을 뉘우치고, 최선을 다해 잘못을 바로잡으려 하지요. 그리고 그 누구보다 앞장서서 카산드라를 믿고 지지해 줍니다.

여러분도 저도, 친구나 가족에게 의도치 않게 상처를 준 적이 있을 거예요. 혹시 그 사실을 알게 된다면, 아주 오래전 일이라 해도 먼저 미안하다고 말해 보세요. 그리고 그 순간부터 상대방을 믿고 지지해 주도록 해요. 우리의 진심 어린 사과와 응원으로 그 사람이 상처를 잊고 더 행복한 하루하루를 맞이할 수 있을 테니까요. 그러면 우리가 사는 세상도 올림포스 학교 못지않은 아름다운 곳이 될 거예요.

옮긴이 **김경희**

지은이 조앤 호럽, 수잰 윌리엄스

조앤 호럽은 문예상을 받은 작가로, 지금까지 어린이 독자를 위해 125권이 넘는 책을 썼다. 대표작으로는 《샴푸》, 《마멋날씨 학교》, 《개는 왜 짖을까?》 그리고 〈인형 병원〉 시리즈 등이 있다. 책에서 새로운 생각 얻기를 좋아한다는 점에서 네 명의 소녀 신 중 아테나와 가장 비슷하지 않나 하고 생각한다.

수잰 윌리엄스는 어린이를 위해 30권이 넘는 책을 썼고, 문예상 수상 작가이다. 대표작으로는 《찰벌레 릴》, 《엄마가 내 이름을 모른대요》, 《우리 집 강아지는 부탁할 줄을 몰라》, 〈파워 공주〉 시리즈, 〈꽃봉오리 요정〉 시리즈가 있다. 남편 분 말로는, 수잰 선생님은 귀찮은 질문(주로 왜 컴퓨터가 제대로 안 돌아가는지에 관한 질문이라고 한다)을 하는 판도라랑 비슷한 편이라고 한다. 물론 판도라는 절대로 컴퓨터를 쓸 일이 없겠지만.

옮긴이 김경희

초등학교 때 다른 아이들이 텔레비전을 보는 동안 《그리스 로마 신화》, 《일리아드》, 《오디세이아》, 《플루타르크 영웅전》을 줄줄 외울 정도로 읽고 또 읽었다. 제일 좋아하는 여신은 사냥의 신 아르테미스였는데 정작 본인은 운동에 영 소질이 없었다. 그래서 헤라클레스처럼 열두 가지 모험을 하고 올림포스 산에 가 보고 싶었지만 엄두도 낼 수 없었다. 그런데 지금은 어린이 독자를 위해 〈올림포스 여신 스쿨〉 시리즈를 번역하면서 신나는 모험을 하는 중이다. 혹시 〈올림포스 여신 스쿨〉 시리즈가 끝나면 제우스의 초청을 받아 올림포스 학교에 가게 될지도 모른다며 두근두근 기대하고 있다.

12 카산드라의 예언

초판 1쇄 인쇄 2016년 6월 1일
초판 2쇄 발행 2018년 6월 20일

글쓴이 | 조앤 호럽, 수잰 윌리엄스 **옮긴이** | 김경희 **그린이** | 권미선

펴낸이 | 양원석 **편집장** | 전혜원
책임편집 | 강유정 **디자인** | RHK 디자인연구소 현애정
마케팅 | 최창규, 김용환, 정주호, 양정길, 이은혜, 신우섭, 유가형, 임도진, 김양석, 우정아, 정문희, 김유정
해외 저작권 | 황지현 **제작** | 문태일

펴낸곳 | (주)알에이치코리아
주소 | 08588 서울시 금천구 가산디지털2로 53, 20층(한라시그마밸리)
문의 | 02-6443-8872(내용), 02-6443-8838(구입), 02-6443-8960(팩스)
등록번호 | 제 2-3726호(2004년 1월 15일 등록)

ISBN 978-89-255-5898-1 (74840)
ISBN 978-89-255-4737-4 (세트)

어린이제품 안전특별법 표시 사항
제품명 도서 | **제조자명** (주)알에이치코리아 | **제조국명** 대한민국 | **전화번호** 02)6443-8800
주소 서울시 금천구 가산디지털2로 53, 20층(한라시그마밸리)

※ 값은 뒤표지에 있습니다.
※ 맞춤법과 띄어쓰기는 국립국어원의 기준에 따랐습니다.
※ 잘못된 책은 구입하신 곳에서 바꾸어 드립니다.
⚠ 책 모서리가 날카로워 다칠 수 있으니 사람을 향해 던지거나 떨어뜨리지 마십시오.

알에이치코리아 홈페이지와 블로그, SNS로 들어오시면 자사 도서에 대한 더 많은 정보와 이벤트 혜택을 확인하실 수 있으며, E-book몰에서는 전자북으로도 만나볼 수 있습니다.
E-book몰(RHK북스) http://ebook.rhk.co.kr | 페이스북 https://www.facebook.com/rhk.co.kr
블로그 http://randomhouse1.blog.me | 유튜브 http://www.youtube.com/randomhousekorea
주니어RHK 포스트 https://post.naver.com/junior_rhk | 인스타그램 @junior_rhk